Die Wüstenväter des 20. Jahrhunderts

Gespräche und Erlebnisse

von
Otto F. Meinardus

Augustinus-Verlag Würzburg

Meinardus Otto, S.A.:
Die Wüstenväter des 20. Jahrhunderts:
Gespräche u. Erlebnisse /
von Otto F. Meinardus./
Würzburg:
Augustinus-Verlag, 1983
ISBN: 3-7613-0126-X

Druck: Benedict-Press, Münsterschwarzach Abtei

INHALT

Seine Heiligkeit Papst Schenute III.

Einleitung

Für westliche Christen, katholischen oder evangelischen Bekenntnisses, ist aufgrund unserer immer intensiver werdenden vielschichtigen Beziehungen zum Nahen Osten ein Verständnis unserer Glaubensbrüder in diesem Teil der Welt unumgänglich. Auch der für die Zukunft des Christentums so entscheidende ökumenische Dialog zwischen den okzidentalen und orientalischen Kirchen verlangt von uns nicht nur eine Aufgeschlossenheit gegenüber den offiziellen Glaubenslehren, sondern vielmehr ein empathisches Hineinfühlen in die Frömmigkeit und Anschauungswelt unserer orientalischen Brüder. Auf den ersten Blick mag es eigenartig erscheinen, daß anstelle einer theologischen Abhandlung eine Sammlung von Erlebnissen und Gesprächen mit ägyptischen Wüstenmönchen uns diesem Ziel näher bringen könnte. Aber ich meine, daß gerade heutzutage nicht die unterschiedlichen christologischen Aussagen des 5. Jahrhunderts uns so sehr voneinander trennen, wie unsere jeweiligen kulturgebundenen Werte und religiösen Vorstellungen. Nicht so sehr in theologischen Gesprächen, so wichtig sie für die Dogmatiker auch sein mögen, sondern im gemeinsamen Leben und Erfahren, ergeben sich für uns „Franken" Verstehens- und Verständigungsprobleme.

Ich habe in diesen Aufsätzen einige meiner vielseitigen Erfahrungen mit den Wüstenvätern zusammengestellt, um einen Einblick in diese uns so völlig fremd erscheinende Frömmigkeit zu geben und unserem christlichen Selbstverständnis eine neue oder andere Dimension vorzustellen. Ich bin mir bewußt, daß dem Leser eine Reihe von geistlichen, intellektuellen und emotionalen „Sprüngen" zugemutet werden. Die Wüstenväter leben nicht nur geographisch gesehen Tausende von Kilometern von uns entfernt, sie sind Menschen eines uns fremden Kulturkreises, eines biblisch orientierten, orientalischen Geschichtsverständnisses. Die Autoritätsquellen für ihr tägliches Verhalten sind uns mehr oder weniger unbekannt. Als Mitteleuropäer, die wir unbewußt die Früchte der Renaissance, der Reformation, der Aufklärung und der industriellen Revolution fraglos akzeptieren, stehen wir hier Menschen gegenüber, die keiner dieser vier unsere Gesellschaft prägenden Entwicklungen ausgesetzt waren. Demgegenüber sind wir häufig hilflos, wenn sich orientalische Christen, und besonders die Wüstenmönche, bei vielen ihrer Entscheidungen auf „die Väter" als ihre Verhaltensmodelle berufen. Wir sehen, daß gerade von unserer Seite noch viele „Meilen" zurückgelegt werden müssen, bevor wir in der Lage sind, unsere orientalischen Brüder nicht nur intellektuell, sondern auch emotional zu akzeptieren und zu verstehen.

Für unser Einfühlen in die Mentalität des orientalischen Christentums gibt es kaum ein geeigneteres Übungsfeld als die Klöster. Sie sind nun einmal die Wiege der orientalischen Kirchen, sie liefern die kirchliche Führungsschicht. Es ist kirchengeschichtlich bedeutsam, daß die beiden letzten koptischen Päpste Kyril VI. und Schenute III. für viele Jahre als Eremiten in Wüstenhöhlen lebten, um sich dort auf ihr hohes geistliches Amt vorzubereiten. Allein dadurch haben sie für zahlreiche junge Menschen ein Beispiel gegeben, das in diesen Tagen der klösterlichen und kirchlichen Wiedergeburt schon seine erfreulichen Früchte trägt. Zum ersten Mal in seiner 1600-jährigen Geschichte erfährt das koptische Mönchtum eine geistlich-geistige Aufwertung durch den Beitritt einer ständig wachsenden Zahl von jungen Akademikern und Intellektuellen, durch die neue Ansätze für das kirchliche Leben in Ägypten geschaffen werden. Jugendliche aus vielen Teilen der Welt haben in den letzten Jahren die Wüstenklöster zu Einkehr und Gesprächen mit den Vätern aufgesucht, um in der Stille und Einsamkeit die Begegnung mit Gott zu erfahren. Immer mehr Menschen erkennen die geistlichen Qualitäten der Wüste, die von jeher ein Ort der Prüfung und der Begegnung mit

Gott war, angefangen von Abraham, Mose über Elias, Johannes den Täufer hin zu Jesus Christus selbst. Aber auch im Bereich der zwischenkirchlichen Beziehungen haben seit zwanzig Jahren die Wüstenklöster eine zunehmende Rolle gespielt. Als Treffpunkt für ökumenische Gespräche, abseits des psychischen Drucks und der belastenden Wirren des weltlichen Alltags, haben sich hier wiederholt katholische, evangelische und orthodoxe Gruppen mit der geistlichen Tiefe der frühchristlichen Frömmigkeit auseinandersetzen können. Wie in ihrer über tausendjährigen Geschichte oft bezeugt, so sind auch heutzutage die Wüstenklöster Orte des geistlichen Protests, nicht nur gegen die Gefahren einer Verweltlichung der kirchlichen Institutionen, sondern auch gegen die Bedrohung vonseiten einer islamischen Gesellschaft.

Als sich im Frühjahr 1980 die koptische Minderheit öffentlicher Diskriminierung und Verfolgung ausgesetzt sah, reagierte Papst Schenute III. mit einem dramatischen und in der Geschichte der koptischen Kirche einmaligen Schritt. Auf einer außerordentlichen Sitzung beschloß die Heilige Synode, die Feierlichkeiten für das bevorstehende Osterfest — das bedeutendste Fest in der orthodoxen Kirche — abzusagen. Der Papst und die Mitglieder der Heiligen Synode, Metropoliten und Bischöfe, zogen sich aus Protest in die Wüstenklöster zurück, wo sie für niemanden zu sprechen waren.

Die folgenden Aufzeichnungen sind das Ergebnis von langjährigen persönlichen Erfahrungen mit den koptischen Wüstenmönchen. Seit über zwanzig Jahren habe ich zuerst in Ägypten, später von Griechenland und Deutschland aus die Entwicklungen in den koptischen Klöstern verfolgen können. Ich habe mich bemüht, die Wüstenväter so zu verstehen, wie sie verstanden werden wollen. Nur teilweise konnte ich natürlich meine eigenen religiösen und kulturellen Vorurteile überwinden. So möchte ich auch meine Leser um ihr Verständnis bitten für die uns so fremd erscheinende Spiritualität, besonders in Bezug auf die Macht des Dämonischen. Der orientalische Christ steht im ständigen Kampf mit den Dämonen und den biblisch bezeugten bösen Mächten, in denen er eine existentielle Bedrohung sieht. Diese Einstellung ist nicht vergleichbar mit unserer landläufigen Beurteilung des Bösen, das wir weitgehend „zivilisiert" haben. Die Überwindung des Dämonischen ist das primäre Anliegen der Väter. In diesem Sinne ist es auch keine Übertreibung zu behaupten, daß die Zukunft der koptischen Kirche von dem Maß der Spiritualität der Wüstenväter bestimmt wird. Um ein so breit wie möglich angelegtes Spektrum des klösterlichen Lebens und Treibens darzustellen, habe ich elf Tage in elf verschiedenen Örtlichkeiten beschrieben. Ich habe eine kurze Einführung zu den neun existierenden koptischen Klöstern gegeben und in jedem Kapitel unterschiedliche Akzente gesetzt und Themen angerissen, um die Vielfalt des mönchischen Lebens, besonders auch der oft gegensätzlich erscheinenden Veranlagungen und Interessen der Mönche aufzuzeichnen. Meine historischen und topographischen Aussagen sind auf Besucher der Klöster zugeschnitten, denen diese Informationen einen bewußten Zugang zu dem Erlebten bieten können. Zur Erläuterung einiger Bezeichnungen und Begriffe ist noch hinzuzufügen, daß seit alter Zeit der koptische Patriarch als „Papst" bezeichnet wird. Hierdurch wird in keiner Weise ein Primatsanspruch geltend gemacht. In der westlichen Kirche sollten wir erkennen, daß es zwei Päpste gibt, den von Rom und den von Alexandrien. — Die herkömmliche Bezeichnung für die orientalischen Geistlichen, Priester oder Mönch, ist Abûnâ — „Vater". Ein Qummus ist ein Archimandrit oder Erzpriester. Anbâ ist ein Titel, der Heiligen, Päpsten, Metropoliten und Bischöfen zusteht.

Eine besondere Anerkennung gebührt Herrn Pater Coelestin Patock, OSA, der bei der Vorbereitung zur Drucklegung entscheidend mitgewirkt hat. Frau Elke Koch aus Breinig möchte ich meinen herzlichen Dank für die ge-

10

lungenen Illustrationen aussprechen, die einen bescheidenen Einblick in das klösterliche Leben vermitteln.
Ich hoffe, daß die folgenden Ausführungen den Lesern
ein tieferes Verständnis der orientalischen christlichen
Frömmigkeit vermitteln, das uns helfen möge, eine weitere Brücke über die geistliche Kluft zu schlagen, die den
Orient vom Okzident trennt.

Otto Meinardus

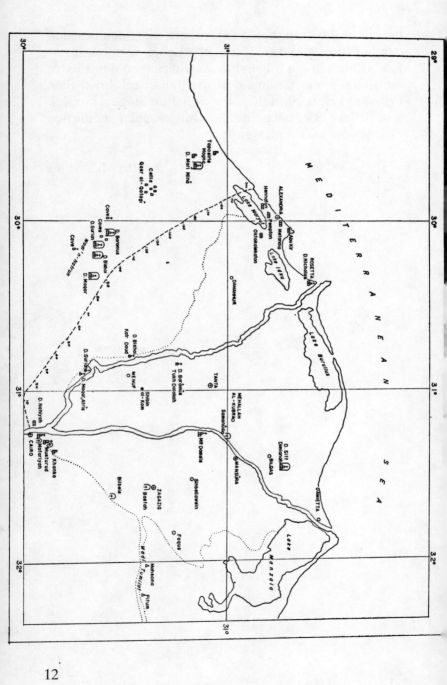

12

Personennamen, die in den folgenden Kapiteln erwähnt werden

'Abd al-Malik	Diener des Königs
'Abd al-Masîh	Diener des Christus
'Abd al-Nûr	Diener des Lichtes
'Abd al-Quaddûs	Diener des Heiligen
'Abd al-Shahîd	Diener des Märtyrers
Abrâm	Abraham
Abû Saifain	Merkurius, Merkur
Abû Tarâbû	Vater der Heilung
Antûnîûs	Antonius, Anton
Armanîûs	Armenius
'Azar	Lazarus
Bakhûm	Pachomius
Banîâmîn	Benjamin
Barsûm	Sohn des Fleisches
Bishâra	Gute Nachricht
Bûlus	Paulus, Paul
Buqtur	Viktor
Bûtrus	Petrus, Peter
Damîân	Damianus
Dâûd	David
Diûsqûrûs	Dioskor
Farag	Lösung
Filûtâûs	Philotheus
Girgis	Georg
Ghobrîâl	Gabriel
Habîb	Freund
Hannâ	Johannes, Johann
Ilishâ	Elias
Irmia	Jeremia
Ishaiâ	Jesaja
Ishâq	Isaak
Iskhirûn	Iskiron
Istafânûs	Stefan
Kirillûs	Kyril
Lûqâ	Lukas

13

Makârî	Makarius
Mattâ	Matthäus
Mikhâîl	Michael
Mînâ	Menas
Mitias	Matthias
Murqus	Markus
Mûsâ	Mose
Nihamîâ	Nehemia
Nûâh	Noah
Quzmân	Kosmas
Ramzî	Ramses
Rufâîl	Raphael
Salîb	Kreuz
Sama'ân	Simeon
Samwîl	Samuel
Sarabamûn	Sarabamon
Shanûdah	Schenute
Sidarûs	Sidarus
Sharûbîm	Seraphim
Tawfîlus	Theophilus
Tâdrus	Theodor
Yaqûb	Jakob
Yûâqîm	Joachim
Yûhânnâ	Johannes
Yûhannis	Johannes, Hans
Yustus	Justus
Wissa	Beza

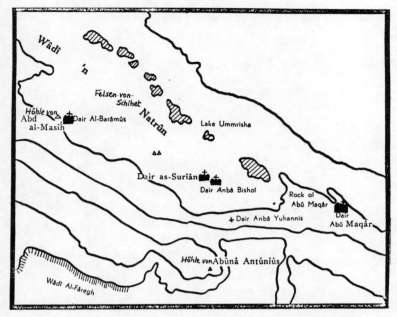

Wâdî 'n Natrûn

15

DAIR AL-MAIMÛN

„An der Wiege des christlichen Mönchtums"

Die letzten Sonnenstrahlen verschwanden hinter den
Gipfeln der nördlichen Qalala-Berge, jenes eindrucks-
vollen Gebirgsmassivs, das man am Horizont erkennt,
wenn man von den 12 m hohen Mauern des Antonius-
Klosters in die Weite gen Westen blickt. Wie auch an an-
deren Tagen verbrachte ich die frühen Abendstunden
auf der Klostermauer. Vor mir erstreckte sich die im
Abenddunst liegende Wüste, ab und zu unterbrach das
Bellen der Wüstenhunde die unheimlich anmutende Stille. Als ich so vor mich hinträumte und über den Sinn des
Klosterlebens nachdachte, vernahm ich Schritte. Abûnâ
Buqtur, ein redseliger und auch aufgeschlossener junger
Wüstenvater gesellte sich zu mir. Wir hatten an diesem
Tage schon mehrere Male die landesüblichen Begrüßungsformeln ausgetauscht, und dennoch begann die
Unterhaltung mit langwierigen „salams", bevor er mir in
allen Einzelheiten seine Vorstellungen über das Leben
und Wirken des großen Mönchvaters, des heiligen Antonius, erzählte.
„Vor zwei Wochen, es war an einem Samstagabend, und
es war Vollmond, als wir zum Abendgebet in die alte Antoniuskirche gingen, da sahen wir hier, wo wir jetzt stehen, den heiligen Antonius, wie er mit einer Öllampe in
seiner Hand, langsam und bedächtig auf der Klostermauer ging." Die Worte des Wüstenvaters waren so
überzeugend, daß ich in dem Augenblick keinen Zweifel
an seinen Aussagen hatte.
„Der heilige Antonius ist hier immer gegenwärtig, es ist
noch gar nicht lange her, als Abûnâ Yustus die Hand des
heiligen Antonius auf seiner Schulter spürte. Das erlebte
er im Altarraum der Antoniuskirche, als er ein Lektionar
holen wollte und dabei vergaß, vor dem Altar die gebüh-
renden Kniefälle zu machen. Viele Väter haben ähnliche
Erfahrungen mit dem heiligen Antonius in unserem Klo-

ster gemacht. Aber nicht nur wir, sondern auch die Beduinen außerhalb der Klostermauern sind dem Antonius und auch dem Paulus von Theben in der unmittelbaren Umgebung unseres Klosters begegnet", versicherte mir Abûnâ Buqtur. „Wir wissen zwar nicht den genauen Ort, aber irgendwo hier in der Nähe wurde unser guter heiliger Vater begraben. Bevor er sich in diese Wüste zurückzog, lebte er im Niltal. Er hatte wohlhabende Eltern, die besaßen viel Land in Koma. Heute heißt der Ort Qimn al-'Arûs und liegt bei al-Wasta, nördlich von Beni Suef. Man sucht aber da vergebens nach einer Antoniuskirche. – Seine Eltern starben, als er noch ein Kind war. Eines Tages hörte Antonius in der Kirche die Worte Jesu: ,Willst du vollkommen sein, so gehe hin, verkaufe, was du hast, und gib's den Armen, so wirst du einen Schatz im Himmel haben; und komm und folge mir nach' (Mt 19,21). Er folgte dieser Anweisung und verkaufte sein Erbe und verteilte den Ertrag an die Armen, nur das Nötigste behielt er für seinen und seiner Schwester Unterhalt. Einige Wochen später vernahm er dann von einem Priester die Herrenworte: ,Darum sorget nicht für den anderen Morgen, denn der morgige Tag wird für das Seine sorgen. Es ist genug, daß ein jeglicher Tag seine eigene Plage habe' (Mt 6,34). Daraufhin schickte er seine Schwester fort, auf daß sie mit anderen Frauen ein gottgefälliges Leben führe. Unser Antonius ließ sich in einer Höhle am Ostufer des Nils bei Pispir nieder."
Ich stutzte, denn der Ortsname war mir unbekannt. –
„Pispir, heute heißt das Dorf Dair al-Maimûn. Von dort geht eine Piste durch die Wüste bis zum Kloster. Noch vor einigen Jahren war es lediglich ein Kamelpfad, aber seit einiger Zeit ist es ein befahrbarer Wüstenweg, denn die Lastwagen, die uns monatlich mit Verpflegung versorgen, benutzen diese Piste." „Und warum zog sich Antonius denn in diese unwegsame Wüste zurück?" wollte ich wissen. „Nun, allzu viele Fellachen, aber auch Städter kamen, um seinen Rat zu hören und von ihm geheilt zu werden; und um den Menschen, ja, der Welt, zu ent-

fliehen, wählte er die innere Wüste, dort oben am Bergabhang."

Abûnâ Buqtur drehte sich um und zeigte in die Richtung der Höhle, die 280 m über dem Kloster in dem Gebirgsmassiv liegt. „Wir können die Höhle von hier leider nicht erkennen, aber dort lebte er für viele Jahre. Und hier, wie sollte man das auch anders erwarten, siedelten sich seine Jünger an. Er wirkte wie ein Magnet und zog die Suchenden an. So kam es, daß er, der nichts anderes wollte als nur Gott, als Stille und Verborgenheit, sich unversehens wieder von Menschen umgeben sah. Und so geschah es auch, daß seine Wirksamkeit sich ausdehnte und tiefgreifenden Einfluß auf die Gestaltung des kirchlichen Lebens seiner Zeit gewann."

Als ich behutsam über die zerfallenen Stufen der Klostermauer in den Klostergarten hinabstieg, hatte ich den Entschluß gefaßt, Dair al-Maimûn, das alte koptische Pispir, aufzusuchen. Zurück in Kairo, bat ich meinen Freund, den Jesuitenpater Jacques Mason, mit mir nach Dair al-Maimûn zu fahren.

In aller Frühe traf ich mich an einem schulfreien Tag mit Jacques vor dem koptisch-katholischen Priesterseminar St. Leo in der 15. Straße in Maadi, dem südlichen Villenvorort von Kairo. In diesem Priesterseminar werden die jungen ägyptischen Theologiestudenten für ihren Dienst in der koptisch-katholischen Kirche ausgebildet, und Jacques war hier Professor für Liturgie und kanonisches Recht. Im Laufe der Jahre hatte sich zwischen uns eine echte Freundschaft gebildet, nicht zuletzt aufgrund unseres gemeinsamen Interesses, die Tiefen der ägyptischen Frömmigkeit, besonders auch der Volksfrömmigkeit, kennenzulernen.

Mit meinem VW-Käfer fuhren wir am östlichen Nilufer in südlicher Richtung an dem Gebirgszug von Tura vorbei nach Helwân. „Erinnerst du dich, auf den Bergketten von Tura wären wir um Haaresbreite im Gefängnis gelandet, wenn wir nicht so schnell hätten laufen können."

Jacques erinnerte mich an unsere Ausflüge zu der Klosterruine des heiligen Arsenius, des Lehrers der byzantinischen Kaisersöhne Maximus und Domitius. Unwissend waren wir bei unseren Erkundungen beinahe in militärische Anlagen eingedrungen, als uns Wachposten überraschten und verfolgten.

Nach einigen Kilometern erreichten wir das Dorf Ma'sara mit seiner in einem Palmenwald liegenden Kirche, die dem heiligen Barsûm dem Nackten geweiht ist. „Das ist einer der wenigen mittelalterlichen koptischen Heiligen", belehrte mich Jacques. „Er lebte zu Beginn des 14. Jahrhunderts in der Krypta der Merkuriuskirche in Alt-Kairo zusammen mit einer Schlange, und, um besonders heilig zu sein, eiferte er dem heiligen Onuphrius nach, der auch der materiellen Welt entsagte und nackt durch die Wüste zog. Schließlich wurde Barsûm festgenommen und hier nach Ma'sara verbannt, wo er die letzten Jahre seines Lebens auf einer Müllhalde verbrachte." − „Und heute ziehen alljährlich am 27. September, zum Namenstag des Heiligen, Tausende von Kairenern nach Ma'sara, um ihre Kinder taufen und ihre Söhne von dem Ortsbarbier beschneiden zu lassen", wußte ich zu berichten.

Nach gut zweistündiger Fahrt, wir hatten 110 km zurückgelegt, erreichten wir das Dorf Kuraimat. Von hier ging es auf einer Wüstenpiste noch einmal 10 km weiter, bis wir die aus getrocknetem Nilschlamm errichteten Häuser von Dair al-Maimûn vor uns sahen. Es schien, als ob die Dorfbewohner noch nie einem Fremden begegnet wären, so wurden wir von den neugierigen Fellachen bestaunt. Auch wir wußten nicht, was wir zu erwarten hatten.

Der armenische Kirchenhistoriker Abû Sâlih beschrieb seine Eindrücke im 13. Jahrhundert mit folgenden Worten: „Das Kloster steht am Ufer des Nils. Daneben ist der Klosterturm, ein Garten, eine Mühle und eine Kelter, es leben dreißig Mönche dort." − Noch im 19. Jahrhundert war das Kloster bewohnt, denn der österreichische Naturwissenschaftler Joseph Russegger berichtete

1836, daß eine auffallend große Menge Gänse in friedlicher Eintracht mit den Mönchen lebte.

Ich ließ den Wagen am Dorfeingang stehen. Eine Schar johlender und barfüßiger Kinder umringte uns, die von einem Dorfältesten mit lautem Fluchen und einem Knüppel vertrieben wurde. Wir durchschritten einen idyllischen Palmenhain und wurden zum Ortspriester, Abûnâ Mikhâîl ‘Abd al-Malik, geführt. „Wir sind auf der Suche nach der alten Antoniushöhle", erklärte Jacques in fließendem Arabisch. Der graubärtige Abûnâ lud uns in seine Wohnung ein, wo wir erst seinem Vater und dann seinem Sohn vorgestellt wurden.

„Seit vielen hundert Jahren stammen die Priester von Dair al-Maimûn aus unserer Familie. Ich habe von meinem Vater das Priesteramt übernommen, und Hanna, mein Sohn, hat es von mir gelernt." Ich fragte, ob sein Sohn nicht die theologische Hochschule in Kairo besucht habe. Mit einem verschmitzten Lächeln sah mich der liebenswürdige Dorfpriester an und zog seine buschigen Augenbrauen hoch, was so viel wie „nein" bedeutete. „Die jungen Leute, die aus Kairo wieder aufs Land kommen, sind zu nichts mehr nutze. Sie haben ihren Glauben verloren, sie haben verlernt, die Kranken zu heilen und die bösen Geister auszutreiben; sie können zwar besser lesen und schreiben, aber für das Reich Gottes sind sie verloren. Als Jesus seine zwölf Jünger zu sich rief, ‚gab er ihnen Vollmacht über die unsauberen Geister, daß sie die austrieben und heilten alle Krankheit und alle Gebrechen' (Mt 10,1). Wieviele Priester tun das noch heutzutage?" Jacques nickte mit dem Kopf, als er die massiven Einwände dieses Praktikers gegen die akademische theologische Ausbildung vernahm.

Nach einer kurzen Weile erschien die Frau des Priesters mit drei Gläsern Tee und einem Tellerchen mit Keksen und Bonbons. „Wir haben zwei Kirchen", erläuterte Abûnâ Mikhâîl. „Die alte Antoniuskirche, und gleich nebenan eine neue Kirche, die Abû Saifain, dem heiligen Merkurius, geweiht ist." Jacques drängte, die Antoniuskirche zu besichtigen, aber Abûnâ Mikhâîl bestand darauf, uns erst die ein wenig doppelsinnige Geschichte über die Errichtung der Kirche mitzuteilen.

„Der Statthalter von Itfih, dessen einziger Sohn verstorben war, brachte in tiefer Trauer, wie es üblich war, den Leib seines Sohnes zur Höhle des heiligen Antonius. Nach einer kurzen Zeit rief Antonius seine Jünger zusammen, um mit ihnen zu beten. Groß war das Erstaunen, als der Sohn des Statthalters in den liturgischen Gesang einstimmte. Er war vom Todesschlaf erwacht! Als seine Mutter davon erfuhr, begann sie voller Freude zu lallen, aber Antonius befahl: ‚Möge deine Zunge gefesselt sein‘, und so blieb sie ihr Leben lang stumm. Als Zeichen seiner Dankbarkeit für dieses Wunder, ließ der Vater nach dem Tod des heiligen Antonius diese Kirche bauen.“

Jacques und ich begutachteten Architektur und Ausstattung der Kirche in der Hoffnung auf frühchristliche Dokumentation. Im südlichen Kirchenschiff war tatsächlich eine Höhle, die mit einer hölzernen Tür überdeckt war. Wir ließen uns in die dunkle, übelriechende Tiefe mit Taschenlampe und Meßband hinab. Die 2 m tiefe Höhle war 1.75 m lang und 80 cm breit. Waren es tote Katzen, Tauben oder Fledermäuse, auf die wir traten? Gleichzeitig spürten wir ein Krabbeln und Jucken am ganzen Körper, und wir sehnten uns, so schnell wie möglich diesen unheimlichen Ort zu verlassen. Ich sagte zu Jacques, daß diese Höhle wohl einst eine pharaonische Grabkammer gewesen war, in die sich Antonius zurückgezogen hatte. Dies leuchtete uns beiden ein, denn in Hunderten, wenn nicht in Tausenden von Fällen, hatten sich christliche Eremiten im Niltal in die Grabkammern ihrer altägyptischen Vorväter eingenistet.

„Hier hat unser Vater Antonius viele Jahre gelebt, bevor er sich in die innere Wüste zurückzog“, bemerkte Abûnâ Mikhâîl. „Dies ist christlicher Boden, und unser Ort ist ein christliches Dorf wie Sie es sonst in ganz Ägypten nicht finden. Nur die Polizisten sind Musleme.“

Inzwischen spürten Jacques und ich ein solches Unbehagen am Körper, daß wir einen Vorwand suchten, um uns so schnell wie möglich zu entschuldigen. Bedeckt waren wir beide, unsere Hemden und Hosen, von einer Unzahl von Flöhen, die uns in der Antoniushöhle überfallen hatten. Wir waren zwar keine Neulinge in ägyptischen Dörfern, aber einen solchen Massenangriff von diesem Ungeziefer hatten wir noch nicht erlebt. Einige Kilometer außerhalb der Ortschaft in der Wüste zogen wir uns völlig aus, aber das Unheil war schon geschehen: die kleinen schwarzen Springer hatten sich im Wagenpolster festgesetzt. So wurde uns Dair al-Maimûn zum Dorf der Flöhe!

Auf der Rückfahrt nach Kairo erzählte ich meinem Jesuitenfreund von der vielseitigen Bedeutung des Ungeziefers in der orientalischen Frömmigkeit: „Vor einigen Jahren besuchte ich Abûnâ Antûnîûs in seiner Eremitenhöhle im Wâdî al-Faregh. Als ich ihn auf einen kleinen Skorpion aufmerksam machte, der unter einem Stein lag, erklärte mir der Einsiedler: ‚Ein Mönch sieht in allem Lebenden Gottes Kreatur, und so auch in Flöhen, Wanzen, Skorpionen und Schlangen. Die Gegenwart dieser Kreaturen kann nur das menschliche Vertrauen auf Gott bestärken. Die Tiere und die Wüstenväter haben sehr viel gemeinsam, den Hunger und den Durst, die Hitze und die Kälte. Denken Sie an den Altvater Hesekiel von Armant, der eines Tages von einem Skorpion gestochen wurde und in seinen Schmerzen eine Warnung vor dem Leiden in der Hölle sah!' — Goethe hatte schon recht als er sagte: ‚Die Flöhe und die Wanzen gehören auch zum Ganzen'!"

DAIR ANBÂ ANTÛNÎÛS

„Im Antonius-Kloster –
Begegnung mit der westlichen Welt"

Im Herzen des weitläufigen Antonius-Klosters, unauffällig zwischen zweistöckigen Gebäuden, liegt unweit
des Wehrturms die alte Antoniuskirche. Man spürt, daß
hier Generationen von Wüstenvätern gebetet und gefeiert haben. Der schwere orientalische Weihrauch, der an
den Wänden und den Altar- und Chorschranken haftet,
läßt einen fühlen, daß man eine andere Welt betreten
hat. In diesem architektonischen und ikonographischen
Kleinod spiegelt sich die über tausendjährige Geschichte
des Klosters wider. Das genaue Datum des Kirchbaus ist
uns weder aus schriftlichen Quellen überliefert, noch
können wir aufgrund der Architektur eine genaue Zeit-
angabe machen. Die Mönche haben mich öfters nach
meiner Meinung gefragt. „Auf jeden Fall ist diese Kirche
der älteste Teil des Klosters und existierte schon viele
Jahrhunderte vor dem Beduinenüberfall auf das Kloster
im 15. Jahrhundert. Man könnte den Bau wohl für das 8.
oder 9. Jahrhundert ansetzen." Dreimal wöchentlich,
während der Wintermonate von November bis April, am
Sonntag, Mittwoch und Freitag, versammeln sich hier
die Väter des heiligen Antonius zur eucharistischen Feier.
Die dröhnenden Kirchenglocken, die um 3.30 Uhr die
Mönche zur Morgenhore und anschließenden Euchari-
stiefeier weckten, hatte ich zwar im Halbschlaf vernommen, war aber wieder eingeschlafen. Um 6 Uhr, als sich
die ersten Fliegen auf mein Gesicht niederließen und um
meinen Kopf brummten, war für mich die Nacht vor-
über. Vor vier Tagen hatten die Mönche mir das bischöfliche Zimmer des Gästehauses zugewiesen, im „Palast",
wie die Mönche das Gebäude zu nennen pflegten. Das
im Deuxième-Empire-Stil gearbeitete Bett unterschied
sich von den übrigen Schlafgelegenheiten lediglich durch

die etwas weichere Matratze. Die Wände waren mit einem mit goldener Borte eingerahmten, aber zerbrochenen Spiegel, zwei Kleiderhaken, einem vergrößerten Photo des Bischofs Ghobrîâl und einigen billigen Heiligenbildern dekoriert. Ein Tisch, auf dem ein gehäkeltes Deckchen klebte, und zwei Korbsessel, dienten als Mobiliar.

Nachdem ich – nach mönchischer Sitte – in der Küche Gesicht und Hände flüchtig benetzt hatte, ging ich durch die engen Klostergassen, begleitet von zwei ständig miauenden Katzen, in die Kirche und gesellte mich zu Abûnâ Sharûbîm, mit dem ich schon viele interessante Gespräche geführt hatte. Ich war noch rechtzeitig zum Segen erschienen. Mit ausgebreiteten Armen und dem Handkreuz in der Hand sprach Abûnâ Bûtrus, der die Eucharistie zelebriert hatte, das Segensgebet: „O Gott, rette dein Volk und segne dein Erbteil . . . O Christus, unser Gott, Friedenskönig, gib uns deinen Frieden, bestärke uns in deinem Frieden! Dein ist die Kraft, die Ehre, der Segen und die Macht in alle Ewigkeit." Nach dem Segen erhoben alle Mönche ihre Hände und beteten gemeinsam. Mit den Worten: „Die Gnade unseres Herrn Jesus Christus sei mit euch, gehet hin in Frieden", schloß der Gottesdienst.

Abûnâ Bûtrus hatte noch gar nicht die letzten Worte gesprochen, als Abûnâ Sharûbîm mir zuflüsterte: „Wir treffen uns in 10 Minuten am Klostertor. Ich benachrichtige den Pförtner, daß er das Klostertor aufschließt." Vor zwei Tagen hatten wir beide den Entschluß gefaßt, wegen der Hitze so schnell wie möglich nach dem Gottesdienst das Kloster zu verlassen und zur Antoniushöhle hinaufzuklettern. „Abûnâ Lûqâ, Abûnâ Lûqâ!" schallte es durch das Kloster. Wir warteten über eine halbe Stunde, bis der an keine Zeit gebundene Pförtner sich bequemte, das schwere Klostertor für uns zu öffnen. Vor dem Tor kauerten drei in schwarze Gewänder gehüllte Beduinenfrauen, von denen zwei ihre Kinder stillten. Gesicht, Hände und Füße waren verschleiert, und nur die vollen Brüste, an denen die mit Fliegen übersäten kleinen Gesichter sich preßten, waren erkennbar.

Während wir auf den Berg Clysma zugingen, unterrichtete mich der junge Sharûbîm über das ehemalige Höhlenleben im Wâdî 'Arabah: „Es ist noch nicht lange her, daß französische Archäologen eine Reihe von Höhlen an diesen Gebirgshängen und in diesem Wâdî entdeckt haben. Das bedeutet doch, daß zahlreiche Mönchskolonien in der Umgebung angesiedelt waren. Von unserem Antonius wissen wir, daß er sich in eine natürliche Höhle am Gebirgshang zurückzog, die von der Ebene nicht einzusehen war, um so den vielen Besuchern zu entfliehen, die ihm in die Wüste folgten. Hier, am Fuß des Berges, unweit von der Quelle, haben dann seine Jünger Obst- und Gemüsegärten angelegt, denn wir wissen auch, daß sie ihn in seiner Höhle verpflegten." Wir folgten einem Trampelpfad, der hinter der Klostermauer leicht anstieg und in das Gebirgsmassiv führte.

Schon beim Verlassen des Klosters waren mir die vielen Krähen aufgefallen, die über uns krächzend ihre Kreise zogen, und ich fragte meinen Begleiter: „Woher kommen diese vielen Vögel?" Abûnâ Sharûbîm erzählte mir daraufhin die Geschichte von dem „Geheimnis der Krähen": „Vor vielen Jahren wurde eine kleine hölzerne Schale, die mit zwei geschnitzten Krähen verziert war, von einem unserer Mönche aus dem Paulus-Kloster entwendet und in unser Kloster gebracht. Als er mit diesem Souvenir unser Kloster betrat, beobachteten die Mönche, wie alle Krähen, die seit Jahren in unserem Kloster genistet hatten, in südlicher Richtung zum Paulus-Kloster abwanderten. Die Mönche des Paulus-Kloster waren erbost, da sie sich von den Schwärmen dieser nutzlosen Vögel bedroht fühlten, und verlangten die sofortige Rückgabe des Zaubergeräts. Die Mönche unseres Klosters erfüllten den Wunsch, und die Vögel kehrten bis auf zwei zum Antonius-Kloster zurück. Wenn Sie das Paulus-Kloster besuchen, werden Sie die beiden Krähen dort sehen." „Und was geschieht, wenn die Krähen Junge haben?" fragte ich. „Dann verbleiben zwei Jungvögel im Paulus-Kloster und die Alten gesellen sich zu unseren Krähen."

Der steile Aufstieg, mal über kleinere, mal über größere Felsblöcke, wurde immer beschwerlicher, bis wir ein durch Steinhaufen gekennzeichnetes kleines Plateau erreichten. Wir betraten einen von Gesteinsbrocken und Geröll eingeschlossenen Raum. „Dies sind die kläglichen Überreste der Höhle, in der Paulus der Einfältige lebte. Er war mit einer hübschen, aber verkommenen Frau verheiratet, die ihn verlassen und sich einem anderen Mann zugewandt hatte. Als er sie beim Ehebruch überraschte, dankte er seinem himmlischen Vater und sagte: ‚Das ist gut, sie ist wahrhaftig nicht meine Frau. Im Namen Jesu, ich werde sie nie wieder zu mir nehmen, ich werde Mönch'", erzählte mir Abûnâ Sharûbîm und fuhr fort: „Dieser Entschluß zur Enthaltsamkeit konnte ihm nicht sonderlich schwer gefallen sein, denn er war schon über 80 Jahre alt, als er ihn faßte. Auch der heilige Antonius äußerte seine Bedenken, einen so alten Mann als Mönch aufzunehmen, und er riet ihm wiederholt, in sein Dorf zurückzukehren. Aber der greise Paulus bestand auf seiner Entscheidung, und nach einem viertägigen Fasten wandte sich der heilige Antonius ihm zu: ‚Siehe, du bist ein Mönch geworden, nun lebe auch in völliger Einsamkeit, auf daß du alle Versuchungen des Satans erfährst'. In seinem Einsiedlerleben empfing er die außergewöhnlichen Gaben der wunderbaren Krankenheilung und Geisteraustreibung, die sogar die Taten seines großen Meisters Antonius noch übertrafen."

Abûnâ Sharûbîm hatte vorsorglich eine mit Wasser gefüllte Feldflasche mitgenommen und bot mir einen Schluck zur Erfrischung an. Nach einer weiteren halben Stunde Kletterei erreichten wir eine kleine Terrasse, von wo wir einen überwältigenden Ausblick auf die weite Ebene des wüstenähnlichen Wâdî 'Arabah genossen. Wir befanden uns 680 m über dem Meeresspiegel und 276 m über dem Kloster, das wir von dem Höhleneingang aus aber nicht sehen konnten. „Hier oben also verbrachte der heilige Antonius viele Stunden im Gebet mit Flechten von Palmenblätterkörben und Matten", meinte ich. – „Lassen Sie uns in die Höhle gehen; der Tunnel ist ungefähr 13 m lang, aber für starke Männer nicht passierbar, denn an einigen Stellen ist er nur 40 cm breit", warnte mich mein junger, schlanker Begleiter, indem er mich von oben bis unten musterte.

Mit Taschenlampen und Kerzen tasteten wir uns durch den engen und dunklen Gang, bis wir in die tief im Felsen liegende Höhle vordrangen. Am Ende des Ganges kletterten und rutschten wir einen 2 m tiefen Hang abwärts und erreichten einen 6 m langen und 2 m breiten ovalen Raum, die eigentliche Höhle, in der der heilige Antonius viele Jahrzehnte verbracht hat. In der östlichen Einbuchtung diente ein hölzerner Tisch als Altar, der mit einer Bastmatte bedeckt war und auf dem der übliche kastenförmige Sakramentsschrein für die eucharistischen Geräte stand. Kerzen, die wir auf den Tisch stellten, spendeten das nötige Licht. An der Südwand der Höhle zeigte mir Abûnâ Sharûbîm mehrere mittelalterliche Graffiti. Mit Hilfe der Taschenlampe konnte ich den Namen „Fr. Bernadus 1626" lesen. „Hier feiern wir alljährlich am 30. Januar die Eucharistie zu Ehren unseres Klostergründers, dann verweilen wir häufig den ganzen Tag hier oben", erklärte mir der junge Mönch. „Hier also hatte das christliche Mönchtum seinen Ursprung", kommentierte ich, „es ist doch bedauerlich, daß nur so wenige Menschen sich des geistlichen und kulturellen Einflusses dieser Bewegung bewußt sind. Wo wären wir in der westlichen Zivilisation, wenn uns nicht die Mönche das kulturelle Erbe über die dunklen Jahrhunderte des frühen Mittelalters hinweg bewahrt hätten? Der Name des heiligen Antonius wurde sehr schnell mit einem neuen Lebensstil in Verbindung gebracht, von dem sich Tausende und Abertausende das ewige Seelenheil versprachen. Der heilige Makarius traf Antonius zweimal und zog sich daraufhin in die sketische Wüste zwischen Kairo und Al-

28

exandrien zurück, wo er viele Jünger um sich scharte. Der heilige Amon in der nitrischen Wüste empfing seine Inspiration vom heiligen Antonius, und so geschah es auch mit dem heiligen Hilarion von Gaza, der von Antonius bekehrt, zum Gründer des palästinensischen Mönchtums wurde. Wenige Jahre nach seinem Tod wurden die Lehre und die Lebensweise des großen Mönchsvaters von ganzen Heeren junger Männer und Frauen in allen Provinzen des römischen Reiches verwirklicht, und diese tief religiöse Bewegung hatte hier in dieser Höhle ihren Ursprung!"

Abûnâ Sharûbîm schwieg für eine Weile, dann sagte er: „In unserer christlichen Frömmigkeit hat die Höhle einen ganz besonderen Sinn. Sie ist der Ort der Offenbarung unseres Gottes, der Schöpfung und der Erlösung. Sie ist die Erdspalte und erinnert uns an den Mutterschoß, in dem die hier vollzogene Befruchtung der menschlichen Erde durch den göttlichen Himmel geschieht. Der Prophet Elias hörte die Stimme Gottes in der Höhle auf dem Sinai (1 Kg 19). Unser Heiland erblickte das Licht der Welt in einer Höhle zu Bethlehem, und nach seinem Kreuzestod wurde sein Leichnam in ein Höhlengrab gelegt. In einer Höhle auf der Insel Patmos empfing der heilige Johannes die geheime Offenbarung. Aus der Höhle entspringt Leben und ewiges Leben. In der Höhle des Mutterschoßes werden wir zu Menschen, in der Höhle dieses Gebirges erkannte unser heiliger Antonius seine wahre Menschlichkeit." Nach einer Weile rezitierte Abûnâ Sharûbîm aus dem 51. Bußpsalm, dann sprachen wir gemeinsam das Vaterunser, löschten die Kerzen, krochen durch den engen Gang und begaben uns auf die Terrasse. Der Abstieg erschien uns wesentlich leichter. „Aber warten Sie nur", warnte mich der Mönch, „heute abend werden Sie jeden einzelnen Wadenmuskel zu spüren bekommen."

Als wir uns dem Geröllhaufen der Paulushöhle näherten und die Klostermauern unter uns erblickten, hielt Abûnâ Sharûbîm plötzlich an. „Hören Sie etwas?" fragte er mich. „Nein, es tut mir leid, ich höre nichts", war meine Antwort. „Ihre Ohren sind so an das laute Getöse gewöhnt, daß Sie die leisen Stimmen und die feinen Geräusche gar nicht mehr wahrnehmen können; hören Sie nicht die Motorengeräusche? Ich höre das ganz deutlich, das sind mehrere Wagen", prophezeite Sharûbîm. „Wahrhaftig, Sie haben recht, ich sehe die Staubwolken, die bewegen sich langsam auf das Kloster hin."

Als wir das Klostertor erreichten, erkannten wir fünf Wagen, zwei große amerikanische und drei kleinere europäische Pkws. „Jetzt bekommen Sie noch zusätzlichen Besuch", sagte ich. „Wir müssen mal sehen, wie wir alle unterbringen. Sie können uns dabei ja behilflich sein", meinte der Mönch. Die Beduinenfamilie vor dem Klostertor hatte sich inzwischen auf fünf Frauen und sechs junge Mädchen vergrößert. Die noch unverschleierten jungen Mädchen spielten im Wüstensand, eine Frau nährte immer noch oder schon wieder ihr Kind, und zwei der älteren Frauen zogen schüchtern ihren Schleier etwas zur Seite, um die sich nähernden Wagen zu beobachten.

Abûnâ Sharûbîm zog an dem langen Glockenseil, das rechts neben dem Klostertor hing. Er läutete einmal, zweimal, und schon wurde das Tor geöffnet. Man hatte auch im Kloster das Motorengeräusch vernommen, und so erschienen drei Mönche, um die Besucher zu begrüßen. Aus den ersten beiden Wagen stiegen zwei amerikanische Familien. „Mein Name ist Wilson, John Wilson, und das ist meine Frau Betty", sagte ein hochgewachsener, in Khaki-Hemd und -Hose gekleideter junger Mann. „Ich bin Jim Clark, dies sind Jonathan, Mary und Kathy." „Herzlich willkommen, Abûnâ Sharûbîm ist mein Name, entschuldigen Sie, wir sind soeben von der Antoniushöhle zurückgekommen." – „Sie können mit Ihrem Wagen durch das Klostertor fahren, aber bitte vorsichtig, schlagen Sie nicht mit Ihrem Auspuff auf die Torschwelle!" warnte einer der Mönche.

Antonius-Kloster

31

Inzwischen hielten auch die anderen drei Wagen vor der Klostermauer. Ein englisches Ehepaar, eine deutsche Familie und zwei junge Holländer stiegen aus ihren Volkswagen. „Eine internationale Gesellschaft", meinte Abûnâ Bûlus, der als Gastpater fungierte und die Besucher in ihre Zimmer im „Palast" einwies. Die beiden Klosterdiener trugen Koffer, Taschen, Schlafsäcke, Filmapparate, Pappkästen mit Verpflegung und Wasserkanister auf den Balkon. Erleichtert, ohne Zwischenfall ihr Ziel erreicht zu haben, ließen sich die Gäste im „Palast" nieder. Abûnâ Hannâ und Abûnâ Tâdrus begrüßten die männlichen Gäste mit Handschlag. Als sich die Damen zur Begrüßung einstellten, zogen die Wüstenväter den rechten Ärmel ihres Gewandes herunter und begrüßten sie mit bedeckter Hand, so daß das weibliche Fleisch sie nicht berührte. Betty Wilson und Kathy Clark akzeptierten diese Begrüßungsform ohne Widerspruch, nur Frau von Grabow, die Ehefrau eines deutschen Industrievertreters, wandte sich mir fragend zu: „Meinen die Mönche vielleicht, ich hätte die Pest?" − „Bestimmt nicht, gnädige Frau, daran haben die Väter auf keinen Fall gedacht, Sie sind aber nun einmal in den Augen der Mönche eine Tochter Evas und . . . ", ich versuchte es der für einen Klosterbesuch etwas zu sportlich gekleideten Dame zu erklären. „Sie meinen also?" fragte sie etwas verlegen. „Ja, das meine ich." Sie knöpfte ihre transparente Bluse bis zum Hals zu und verschwand auf der Toilette. Ich verzog mich, um ihrem Kommentar nach dem Besuch des recht primitiven und nicht besonders sanitären Häuschens zu entgehen. In das bischöfliche Zimmer wurde ein zweites Bett gestellt, und Karl, ein junger holländischer Diplomat, zog bei mir ein.

Nach der gewohnten Mittagsruhe fragten mich die Harrisons, das englische Ehepaar, ob ich bereit wäre, der ganzen Gruppe etwas über das Kloster zu erzählen. Ich bat meinen Freund Sharûbîm, zu uns zu kommen, denn er kannte viele Geschichten, die nicht zur eigentlichen Geschichte des Klosters gehörten.

„Das genaue Datum der Klostergründung ist uns unbekannt, aber mittelalterliche Quellen berichten, daß das Kloster zur Regierungszeit des Apostaten Julian in der zweiten Hälfte des 4. Jahrhunderts gegründet wurde. In den letzten Jahren des 4. Jahrhunderts wurden die mönchischen Gemeinschaften in der sketischen Wüste von den Berbern heimgesucht, und Johannes der Kleine floh in das Antonius-Kloster. Durch die Beschlüsse des vierten ökumenischen Konzils von Chalzedon im Jahre 451 zerfiel die Einheit der Kirche — auch des Christentums in Ägypten — in zwei rivalisierende Gruppen. Die sog. Dyophysiten oder Melkiten, die an die zwei Naturen Jesu Christi glauben, und die Monophysiten, zu denen auch die Kopten zählen, die an der Lehre der einen Natur des Gottmenschen Jesus Christus festhalten. Wir wissen, daß zu Beginn des 7. Jahrhunderts der melkitische Patriarch Johannes der Almosengeber die Mönche des Antonius-Klosters finanziell unterstützte und folgern daraus, daß in jenen Jahren das Kloster von melkitischen oder griechischen Mönchen bewohnt war. Dies wird auch bestätigt durch den Bericht des hinterlistigen Diebstahls der Reliquien von Johannes dem Kleinen durch die koptischen Mönche des Makarius-Klosters." Abûnâ Sharûbîm wußte Einzelheiten zu berichten, wie die koptischen Mönche sich nachts in die Kirche schlichen und die Knochen ihres Wüstenheiligen auf die vor dem Klostertor wartenden Kamele verluden.

„Vom 12. Jahrhundert an", fuhr ich fort, „war das Kloster ausschließlich in koptischen Händen. So wurde z. B. der Abûnâ, das Oberhaupt der äthiopischen Kirche, schon zu dieser Zeit aus der Mönchsgemeinschaft des Antonius-Klosters gewählt. Zu Beginn des 13. Jahrhunderts berichtet der armenische Kirchengeschichtsschreiber Abû Sâlih, daß das Antonius-Kloster viele große Ländereien im Niltal besaß. Das Kloster war umgeben von einer schützenden Mauer und von vielen Mönchen bewohnt. Innerhalb der Mauern unterhielten die Mönche einen großen Garten mit Palmen, Apfel- und Birnbäumen, Granatäpfeln und vielerlei Gemüse. Drei Quellen dienten der Wasserversorgung für den Garten und für Trinkwasser. Mehr als ein Feddan des Gartens war mit Weinstöcken bepflanzt, und es hieß, daß über 1000 Palmen im Klostergarten standen. Für den armenischen Geschichtsschreiber gab es kein vergleichbares Kloster, das von ägyptischen Mönchen unterhalten wurde."

Als ich über die Geschichte des Klosters im 13. und 14. Jahrhundert erzählte, unterbrach mich der junge Sharûbîm: „Das waren auch die Jahre unserer großen Seher und Mystiker. Während der Amtszeit unseres Papstes Johannes VII. (1262—1268) erlebte einer unserer alten Wüstenväter die Erscheinung eines Engels, der ihm offenbarte, daß sein Abt Gabriel für den päpstlichen Thron auserkoren sei. Tatsächlich, einige Tage später erfüllte sich die Weissagung. Der Abt wurde von Regierungsbeamten verhaftet und mit Gewalt nach Alexandrien entführt, wo er gezwungen wurde, als Gabriel III. den Thron des Evangelisten Markus zu besteigen. — Ungefähr einhundert Jahre später lebte in diesem Kloster Abûnâ Yaqûb. Er hatte ebenfalls die Gabe der Prophetie und sah, wie ein Engel unseren Abûnâ Mattâ umarmte und ihm die Schlüssel zur ewigen Herrlichkeit überreichte. Als eines Tages Abûnâ Mattâ am Altar stand, erkannte er unseren Herrn Jesus Christus, wie er als Kind auf der Patene lag. Beim Brechen des eucharistischen Brotes bemerkte er, wie seine Hände mit dem Blut des Heilands überströmt waren, und er bebte vor Angst. Einige Jahre später wurde der Mönch Mattâ zum 87. Nachfolger des heiligen Markus geweiht. Ja, innerhalb dieser Klostermauern sind schon eigenartige Sachen geschehen", bemerkte unser mitteilsamer Mönch, der an der Wahrhaftigkeit dieser Überlieferungen nicht zweifelte.

„Dieses Kloster muß in früheren Jahrhunderten doch nur sehr schwer erreichbar gewesen sein. Haben Pilger es überhaupt gewagt, so tief in die Wüste vorzudringen?"

fragte mein holländischer Stubengefährte. „Im 14. Jahrhundert erhalten wir die ersten Berichte von westlichen Reisenden, obwohl wir auch bei ihren Erzählungen nicht jedes Wort auf die Waagschale legen dürfen", sagte ich. „So schrieb der Gemeindepfarrer Ludolph von Suchem aus der Gegend von Paderborn (1336), daß viele Gläubige aus Frömmigkeit und Freude das Antonius-Kloster besuchten, um dort Heilung zu erfahren, und der Frater Niccolo von Poggibonsi, der im Jahr 1346 zur Antoniushöhle hinaufkletterte, stand unter dem Eindruck, nur zwei Meilen von den Pyramiden entfernt zu sein. Einen glaubwürdigen Bericht erhalten wir erst durch den französischen Herrn von Anglure, Ogier VIII., der 1395 das Katharinen-Kloster, das Paulus-Kloster und das Antonius-Kloster besuchte und das letztere mit seinen 100 gottesfürchtigen, sich selbstverleugnenden und liebenswerten Mönchen als das schönste aller Klöster Ägyptens pries. Im Mai 1421 kam dann der französische Diplomat Ghillebert de Lannoy zum Antonius-Kloster, wo er nur fünfzig Mönche zählte, die alle beschnitten waren." Herr Harrison unterbrach mich und stutzte: „Wieso waren denn die Mönche beschnitten? Das waren doch keine Juden." „Nun, schon die alten Ägypter praktizierten die Beschneidung, wie wir es aufgrund der Beschneidungsszenen an den Wänden des Luxor-Tempels und aus den vielen Beschreibungen in altägyptischen medizinischen Texten wissen. Diese Sitte wurde von allen Ägyptern, Christen und Muslemen, bis auf den heutigen Tag befolgt." Abûnâ Sharûbîm fügte hinzu, daß weder der heilige Markus, der Apostel Ägyptens, noch die Kirchenväter sich gegen die Beschneidung ausgesprochen hätten. Er sah in diesem Schweigen einen Beweis ihres Einverständnisses. „Außerdem haben einige unserer Väter die Beschneidung befürwortet", kommentierte der Mönch und erinnerte an die aus dem 12. Jahrhundert stammenden Worte des Metropoliten Michael von Damietta, der für die Christen die Beschneidung von Männern und Frauen theologisch rechtfertigte. „Welch gräßlicher und grausamer Gedanke", war die spontane Reaktion der schockierten deutschen Freifrau, die sich redlich bemühte, alle unsere Informationen sorgfältig mitzuschreiben. „Habe ich den Pater richtig verstanden, daß auch die Frauen beschnitten wurden?" „So ist es", erwiderte ich. Nach einem kurzen Schweigen fuhr ich mit meinen Klostergeschichten fort. „Über die Fastenbräuche der Mönche im 15. Jahrhundert berichtet der islamische Historiker al-Maqrizi. So erzählt er, daß die Mönche bis zum Abend nichts zu sich nehmen und zu den kirchlichen Fastenzeiten ihre Enthaltsamkeit sogar bis zu der Stunde ausdehnen, wenn sie den ersten Stern am Himmel sehen."

Mein Freund Sharûbîm zog seine Augenbrauen hoch und warf seinen Kopf zurück, als wolle er sagen „Unsinn". „Was weiß ein islamischer Schreiber schon über uns Kopten?", bemerkte er abfällig. „Das sind doch Barbaren. In den letzten Jahren des 15. Jahrhunderts wurde unser Kloster von Muslemen völlig zerstört. Zu jener Zeit beschäftigten unsere Mönche viele Beduinen als Gärtner und Klosterdiener. Eines Tages wurden sie aufsässig, ermordeten alle Mönche und erklärten sich als Herren unseres Klosters. Sie werden ja morgen die vom Rauch geschwärzten Wände in unserer alten Kirche sehen, in der sie ihre Küche einrichteten. Zum Heizen und für ihre Kochöfen gebrauchten sie die alten Pergamenthandschriften unserer Bibliothek. Wann unser Kloster wieder von Mönchen bewohnt wurde, kann ich Ihnen nicht genau sagen. In der ersten Hälfte des 16. Jahrhunderts sandte unser Papst Gabriel VII. (1525−1568) zwanzig Mönche aus dem Syrer-Kloster im Wâdî 'n-Natrûn zum Wiederaufbau in unser Kloster. Es ist gut möglich, daß diese Mönche Syrer waren. Nach der Wiederbesetzung durch koptische Mönche, siedelten sich aber auch äthiopische Mönche in unserem Kloster an."

„Schon im 16. Jahrhundert kamen die ersten katholischen Missionare in unser Kloster, um uns, wie sie meinten, von der Irrlehre zu befreien und uns den wahren christlichen Glauben zu verkünden", erklärte Abûnâ Sharûbîm ironisch. „Warum haben sich denn die Missionare nicht den Muslemen zugewandt?" wollten die Wilsons wissen. Abûnâ Sharûbîm sah mich fragend an und erwartete von mir eine Antwort.

„Seit Jahrhunderten haben Christen versucht, sich mit dem Islam auseinanderzusetzen, aber es ist eine tragische Geschichte. Denken wir nur an die Kreuzzüge oder auch an das Zeitalter des Kolonialismus. Zu Beginn des 13. Jahrhunderts meinte der heilige Franziskus, auf friedliche Weise den ägyptischen Sultan Malik al-Kâmil zum christlichen Glauben bewegen zu können, aber die Unterredung verfehlte ihr Ziel; und so sind fast alle missionarischen Bekehrungsanstrengungen in der islamischen Welt erfolglos geblieben. Frustriert über diese Mißerfolge wandten sich die Missionare den orientalischen Glaubensbrüdern zu. Die koptischen Klöster besuchten sie aber auch, um — im Zuge der europäischen Renaissance — wertvolle alte Schriften für die kirchlichen und königlichen Bibliotheken zu erwerben. Im Auftrag des französischen Archäologen Nicolaus de Peiresc erreichte 1617 Pater Cassien aus Nantes das Kloster, wo er sich eingehend der Bibliothek widmete. Acht Jahre später schnitzte dann der Franziskanerbruder Bernadus seinen Namen in großen Blockbuchstaben in die hölzerne Altarschranke der Antoniuskirche. Ich werde Ihnen morgen die Inschrift zeigen: ‚Frater Bernadus a Ferula Siculus de observantia primus visitator Catholicus sub die 31 decembris 1625 11 januarii 1626 31 januarii 1626'. Dieser eifrige Franziskaner verewigte seinen Namen auch in der Markuskirche und in der Antoniushöhle. Aus der Korrespondenz der Franziskaner in Ägypten mit der katholischen Missionskongregation ‚De Propaganda Fide' in Rom ersehen wir, daß in der ersten Hälfte des 17. Jahrhunderts die katholische Kirche ihre Missionare in das Antonius-Kloster schickte, damit sie dort die arabische Sprache lernten. Bei unserem Gang durch das Kloster werde ich Sie auf ein teilweise zerstörtes Relief

des Terra-Santa-Kreuzes über dem Eingang zur Markuskirche hinweisen, das die ehemalige Anwesenheit der
Franziskanerbrüder in diesem Kloster bestätigt", erklärte ich.

„Warum haben sich denn die koptischen Mönche nicht
geweigert, diese Eindringlinge aufzunehmen?" fragte
Herr Wilson Abûnâ Sharûbîm. „Sie können alles Er-
denkliche über uns Mönche sagen, daß wir ungebildet,
einfältig, unsauber und auch undiszipliniert sind, das ist
zum Teil unserer orientalischen Lebensweise zuzuschrei-
ben, zum Teil auch durch unsere Herkunft bedingt; aber
wir sind immer gastfreundlich, höflich und hoffentlich
auch demütig. Das sind für uns die wesentlichen christlichen Tugenden; uns wird doch in der Schrift gesagt:
‚gastfrei zu sein, vergesset nicht; denn dadurch haben et-
liche ohne ihr Wissen Engel beherbergt' (Hebr 13,2)."

„Die Missionare hatten natürlich einen zweifachen Auftrag", fügte ich hinzu, „sie sollten die Sprache lernen,
aber auch die koptischen Mönche zum katholischen
Glauben bekehren, denn man meinte, daß, wenn die
Mönche katholisch würden, in kürzester Zeit auch die
koptische Kirche sich der katholischen Kirche anschließen würde, da die koptische Führungsschicht aus dem
Möchsstand gewählt wird. An diesem Beispiel sehen Sie
einen wesentlichen Unterschied zwischen der traditio-
nellen katholischen und evangelischen Missionsstrate-
gie. Die katholische Mission hat, besonders in Ägypten,
immer wieder versucht, durch bestehende Institutionen
wie die Klöster, später durch soziale und pädagogische
Einrichtungen, ihren Einfluß zu vergrößern. Die evangelischen Missionare haben ihre Hauptaufgabe in der
Evangelisation der Fellachen gesehen. Da diese aber
Analphabeten waren, ergab sich die Notwendigkeit, auf
den Dörfern Lesekurse anzubieten mit dem Ziel, die Fellachen durch das Bibelstudium für den evangelischen
Glauben zu gewinnen. Das erklärt, warum wir so wenige
Berichte evangelischer Missionare über die koptischen
Klöster besitzen.

Ein informativer Erlebnisbericht ist uns in den Aufzeichnungen von Johannes Michael Wansleben erhalten. Wansleben war der Sohn eines lutherischen Pfarrers. Der Herzog von Sachsen-Gotha entsandte ihn nach Äthiopien. Nach seiner Rückkehr trat er dem Dominikanerorden bei und wurde von Colbert, dem politischen Ratgeber Ludwigs XIV., nach Ägypten geschickt, wo er die koptischen Wüstenklöster aufsuchte. Seine Eindrücke vermitteln uns einen guten Einblick in das klösterliche Leben im 17. Jahrhundert. Von der Klosterniederlassung in Bûsch, nördlich von Beni Suef, kommend, erreichte Wansleben das Antonius-Kloster am 3. Oktober 1672. Da die aus Schlammziegeln erbaute Umfassungsmauer erst im letzten Jahrhundert ein richtiges Eingangstor erhielt, mußte Wansleben mittels eines Aufzuges in das Kloster gehievt werden." Der zwölfjährige Jonathan Clark unterbrach mich aufgeregt: „Ist das doch schade, daß wir hier nicht vor 300 Jahren waren, dann hätten wir uns auch hochziehen lassen können. So einfach durch das Tor zu fahren ist ja langweilig!" „Nun, das können wir morgen nachholen", versprach ich dem Jungen. „Dieser Aufzug wird heutzutage noch für einige Waren betrieben. Wenn Sie wollen, können Sie sich morgen auf die Mauer ziehen lassen. Ein Seil aus Palmenfasern, an dessen unterem Ende ein etwas wackliges Sitzbrett angebracht ist, wird oben mittels hölzerner Hebel um einen Zylinder gewickelt. Dieser Lift bedeutete jahrhundertelang eine Sicherungsmaßnahme gegen Beduinen, die aus religiösem Fanatismus, oder auch vom bloßen Hunger getrieben, wiederholt Angriffe auf das Kloster und dessen üppige Gärten versuchten. Gelang es den Eindringlingen trotzdem, über die Mauer zu steigen, so zogen sich die Mönche in den Wehrturm, den sogenannten Qasr zurück, der in keinem ägyptischen Kloster fehlt. Dieses Refugium besteht aus einem vierkantigen Bau von pylonenartig geneigten Rohziegelmauern mit einem Unterbau aus Steinblöcken. Dieser Wehrturm enthält alles, was die Mönche zum Überdauern einer län-

geren Belagerungszeit benötigen: Speicherräume, eine
Küche, unterirdische Wasserleitungen und ganz zu-
oberst eine Kapelle, die St. Michael, dem Schutzengel,
geweiht ist. So wurden natürlich auch die Klosterschätze
im Wehrturm gelagert. Wansleben berichtet, daß hier
Manuskripte, die einer königlichen Bibliothek würdig
wären, in drei oder vier großen Kisten aufbewahrt wurden. Drei Bücher fielen ihm besonders auf: eine koptische Grammatik, ein koptisch-arabisches Wörterbuch
und eine theologische Abhandlung von Ibn al-Assal aus
dem 13. Jahrhundert.
Der Dominikanerpater war auch der erste Besucher, der
das salzige Quellwasser bemerkte. Die Mönche warnten
ihn, nicht zu viel davon zu trinken, da sich sonst Blasen
unter der Haut bilden würden, die einen schmerzhaften
Juckreiz hervorriefen." – Abûnâ Sharûbîm versicherte
uns, daß er seit vielen Jahren ohne irgendwelche Begleiterscheinungen von dem Quellwasser getrunken habe.
„Ich weiß aber auch, daß bezüglich unseres Wassers viele
Geschichten kursieren", erklärte der Mönch. „Das Wasser kommt aus dem Felsen und fließt in sauber verputzte
Schöpflöcher, deren erstes nur zum Trinken bestimmt
ist, während die dahinterliegenden häuslichen Zwecken
dienen. Das Wasser fließt dann in eine große Zisterne
und wird für die Bewässerung des Gartens gebraucht.
Unsere Hauptquelle liefert täglich etwa 10 Kubikmeter
Wasser, das aber ungefähr doppelt soviel Salz enthält
wie in westlichen Ländern für Trinkwasser zugelassen
ist. Vor wenigen Jahren hatten einige unserer Mönche
Streit mit ihren Brüdern und so verunreinigten sie das
Trinkwasser, indem sie eine tote Taube in den Felsspalt
steckten, durch den das Wasser in die Schöpflöcher fließt
– natürlich nachdem sie sich selbst mit genügend Trinkwasser versorgt hatten. Das Resultat war, daß viele unserer Mönche sehr krank wurden."
Der junge Jonathan murmelte vor sich hin: „Das ist ja
Bakterienkrieg!" – Abûnâ Sharûbîm versuchte uns zu
erklären, daß es in einem Kloster wie auch in der Welt

immer zwei Parteien gäbe, die sich ab und zu bekriegten. „Eine Klostergemeinschaft ist nun einmal ein Mikrokosmos; aber bitte scheuen Sie sich nicht, von unserem Wasser zu trinken, auch wenn es etwas salzig schmeckt. Vor hundert Jahren besuchte uns der bekannte Äthiopien-Missionar Kardinal Massaia. Damals verboten unsere Mönche ihm mit sehr geheimnisvollen, aber entschiedenen Gesten aufs strengste, von dem Quellwasser zu trinken, bevor es für längere Zeit sterilisiert worden sei. Man wollte den Kardinal natürlich bewegen, das Kloster zu verlassen, und so erfand man die Geschichte, daß, wenn Männer von dem unsauberen Wasser trinken, sie unweigerlich innerhalb kürzester Frist in eine Frau verwandelt würden." Als die deutsche Freifrau diese Geschichte hörte, meinte sie: „Gut, daß wir genug Tonic Water für unseren Gin mitgenommen haben, wer weiß, sonst würde eventuell mein Mann als Frau und ich als Mann das Kloster verlassen!"

Die winzigen, dunklen und aus Lehm erbauten Zellen, in denen die Mönche nicht einmal aufrecht stehen konnten, erschienen dem Dominikanerpater menschenunwürdig, und das Refektorium bezeichnete er als einen düsteren und verschmutzten Raum. Tatsächlich wurde auch damals der Speisesaal nur einmal im Jahr zur Zeit der Großen Fasten benutzt, wenn die Mönche ein gemeinsames Mahl einnahmen. In der Mitte des gewölbeartigen Speisesaals läuft ein schmaler, niedriger aus Felsenstücken gemauerter Tisch, fast wie ein Trog, an dessen beiden Seiten auf steinernen Bänken die Mönche zum Essen hocken. „Im allgemeinen aber verpflegt sich jeder Mönch selbst", belehrte uns Abûnâ Sharûbîm. „In unseren Zellen, die übrigens nicht mehr so ärmlich sind wie vor 300 Jahren, lagern wir Reis, Saubohnen, Linsen, Zwiebeln, getrocknete Datteln, Maiskolben und Kolonialwaren aller Art. Einige Mönche halten sich sogar Kaninchen, Hühner, Ziegen und Schafe." — „Wir haben gehört, daß die Väter Vegetarier sind, für wen sind denn diese Schlachttiere bestimmt?", wollte Herr Clark wissen. – „In früheren Zeiten haben unsere Väter außerhalb der Fastenzeit schon mal einen schmächtigen Hammel oder eine dürre Ziege von den Beduinen schlachten lassen. Da sie das Fleisch aber nicht im Kloster essen wollten oder konnten, haben sie es außerhalb der Klostermauern verzehrt", erklärte der Mönch. „Und wie steht es mit Fischen?" fragte Frau Clark. „Das ist für uns sehr umständlich. Der Weg zum Meer oder zum Nil ist zu weit und auch zu gefährlich wegen der Beduinen. Einige Mönche machen sich die Mühe und gehen nach der Fastenzeit nach al-Marsa, südlich von Ras Zafaranah, und fischen dort."

Im warmen Abendlicht genossen wir die klösterliche Ruhe und das informative Gespräch. Plötzlich schrie die zehnjährige Mary Clark auf: „Vati, Vati, ein Krebs!" Herr Clark sah sich das kleine Tier an, das unter Marys Stuhl saß, und fragte unseren Mönch: „Haben Sie hier etwa Skorpione?" „Ab und zu gibt es hier schon Skorpione. Vor vielen Jahren hatten wir sehr viele Skorpione, bis eines Tages einer unserer Väter ein Amulett in der Form eines Skorpions aus Bienenwachs knetete, es beweihräucherte und unter Rezitieren von Bibelversen zeremoniell im Klostergarten vergrub und die Stelle mit einem kleinen Stab kennzeichnete. Für viele Jahre waren wir dann von dieser Plage befreit. Nach dem Tod dieses Vaters bekamen wir auch einen neuen Abt. Der entdeckte eines Tages dieses Amulett, machte sich darüber lustig und zertrat es mit seinem Schuh. In der folgenden Nacht wurden unsere Mönche wieder von unzähligen Skorpionen belästigt." Als Abûnâ Sharûbîm das erzählte, erinnerte ich mich an die Worte des Dominikanerpaters Wansleben, der von einem „Holz der Skorpione" berichtet, das, zu Staub zermahlen, auf die giftigen Skorpionbisse gestreut wurde und eine lindernde Wirkung hatte.

„Bevor Sie Ihr Abendessen vorbereiten, sollte ich Ihnen noch die kriminelle Entführung eines unserer Mönche durch den katholischen Kardinal erzählen", meinte der junge Mönch. „Wie schon gesagt, erschien vor etwa hundert Jahren Kardinal Massaia, begleitet von vier anderen Katholiken, vor unserem Kloster. Er wollte einen koptischen Mönch namens Michelangelo aus unserer klösterlichen Gemeinschaft entführen. Michelangelo hatte in Rom studiert und war nach seiner Rückkehr unserem Kloster beigetreten. Um seinen Plan zu verwirklichen, wechselte der Kirchenfürst seinen Namen in Georg Bartorelli. Zu nächtlicher Stunde in der Antoniuskirche überzeugte er den Mönch, mit ihm am folgenden Tag zu entfliehen. Den Mönchen versprach er, in Beni Suef Medizin zu besorgen, vorausgesetzt, daß Michelangelo ihn begleiten dürfte. Qummus Dâûd, unser Abt, war ironischerweise in jenen Jahren gerade in Äthiopien, um dort gegen die Missionsbestrebungen des Kardinals Massaia zu predigen. Er hätte Michelangelo bestimmt nicht entweichen lassen", fügte Abûnâ Sharûbîm hinzu.

Am nächsten Morgen kletterten wir durch die dunklen Treppengänge zur ersten und zweiten Etage des Wehrturms. Aber weder den äthiopischen Schild aus Nilpferdhaut noch den alten Messingleuchter oder den reichverzierten Schirm, der bei den jährlichen Prozessionen zur Antoniushöhle über die silbernen Evangelienkasetten gehalten wurde – Gegenstände, die im 19. Jahrhundert noch zu sehen waren –, konnten wir finden. Auf dem Weg zur Markuskirche lud uns Abûnâ Buqtur in seine selbsterbaute Zelle ein. Dieses kleine, weiß getünchte Häuschen war hinten mit der Felswand verquickt. Die Fassade war mit großen grünen Bibelsprüchen bemalt, „Allah Mahabba" (Gott ist Liebe). Abûnâ Buqtur, der trotz seiner Jugend einen Ruf von Heiligkeit genoß, bestand darauf, daß wir auf den sauberen Bänken vor seiner Zelle Platz nähmen, um uns die Annehmlichkeiten seiner bescheidenen Welt anzubieten. Er führte uns sein kleines japanisches Transistorradio vor und bot den Männern in unserer Gesellschaft an, mit ihm Haschisch zu rauchen. Als die Herren dieses gutgemeinte Angebot ablehnten, schien er völlig verstört. „Das gibt Ihnen ein gutes Gefühl", meinte der Wüstenvater, der keinen Unterschied zwischen dem Genuß von Cannabis und Tabak sah. John Wilson wußte, daß das Haschisch von den Israelis nach Ägypten geschmuggelt wird. „Sie kaufen auf Umwegen Haschisch im Libanon und übergeben das Rauschgift skrupellosen Schmugglern. In Segelschiffen, die oft mehrere hundert Kilo Haschisch geladen haben, wird es über das Rote Meer gebracht. Natürlich scheuen die Schmuggler das Tageslicht und bevorzugen die Nächte ohne Mondlicht. Auf Kamelen bringen sie das Rauschgift dann durch die Wadis der östlichen Wüste zum Niltal, und bieten es auf ihrem Weg, wer weiß, auch den Wüstenvätern an", war seine Erklärung.

Versteckt zwischen hohen Palmen liegt im Klostergarten die Markuskirche mit ihren zwölf Kuppeln. Auf unserem Weg trafen wir Abûnâ Yustus, der sich bereit erklärte, uns die Kirche zu zeigen. „Die drei Altäre sind dem heiligen Merkurius, dem heiligen Markus und dem heiligen Theodor geweiht. Viele, viele Wunder geschehen hier, ja, bis auf den heutigen Tag, denn hier wirkt der heilige Markus durch seine Reliquien, die wir hier an der Nordwand der Kirche verehren. Das Öl in der Lampe vor dem Reliquar hat nicht nur vielen Mönchen, sondern auch den Beduinen geholfen. Sie reiben ihre kranken Glieder mit dem Öl ein, und die Schmerzen sind gelindert. Ich bin für die Versorgung dieser Lampe verantwortlich, aber häufig ist das Öl schon nachgefüllt. Dann frage ich die anderen Mönche, aber keiner hat diese Kirche betreten." — „Ähnliche Geschichten werden doch auch im Alten Testament berichtet", fiel Herrn Clark ein, „ich denke an die Mehl- und Ölvermehrung im Falle der Witwe von Zarpath (1 Kg 17,8–16), oder an die wunderbare Ölvermehrung durch den Propheten Elischa" (2 Kg 4,1–7). Ich hatte bei meinem Besuch im Gottesmutter-Kloster von Saydnaya nördlich von Damaskus eine ähnliche Geschichte von der griechisch-orthodoxen Äbtissin Maria Malouf gehört. Die Lampe vor der wundertätigen Schahoura, der angeblich von Lukas gemalten Gottesmutter-Ikone des Klosters, wurde auch öfters auf unerklärliche Weise mit Öl gefüllt, so daß das Öl sogar überlief und an die kranken und gebrechlichen Pilger verteilt wurde." – „Und wer ist dieser heilige Markus, nach dem die Kirche benannt ist?", fragte Karl. „Markus war ein Mönch dieses Klosters, einige meinen, er war ein Jünger unseres Antonius, andere sagen, er war ein Reiterheiliger, der dem mächtigen König Barqûq, dem Mameluken-Sultan Malik az-Zâhir, in einer Schlacht zur Hilfe eilte. Wir benutzen diese Kirche aber nur zwei Wochen während der Passionszeit. Im Sommer, von April bis Oktober, haben wir unsere Gottesdienste in der Apostelkirche und im Winter in der Antoniuskirche. In der Fastenzeit vor Mariä Himmelfahrt benutzen wir die Gottesmutterkirche."

Anschließend begaben wir uns in die Apostelkirche, die unmittelbar östlich der alten Antoniuskirche errichtet wurde und aus dem 17. Jahrhundert stammt. Die Kirche war mit unzähligen Ikonen und Bildern von Aposteln, Heiligen und koptischen Päpsten geschmückt, die an der Chorschranke und im Kirchenschiff befestigt waren. Auf einem Bild erkannte Jonathan den heiligen Antonius mit einem Stab, einem Glöckchen und einem Schwein. Abûnâ Yustus konnte diesen Zusammenhang verständlicherweise nicht erklären, denn der Ursprung dieser Symbolik war gewiß nicht orientalisch. „Natürlich war das Schwein einst eine Personifikation des Teufels, dessen Versuchungen Antonius siegreich überwand. Später erhielt es jedoch eine andere Bedeutung. Im Abendland war im 11. Jahrhundert die nach dem Heiligen benannte Genossenschaft der Antoniter gestiftet und später sogar zu Chorherren erhoben worden. Die Antonitermönche nun waren besonders bei der Landbevölkerung beliebt, weil diese Ordensleute das Vorbild einer guten Landwirtschaft gaben. Sie erhielten an manchen Orten auch das Privileg der Schweinezucht in Eichenwäldern. Ihre Ankunft in einem Dorf pflegten sie mit einem Glöckchen anzukündigen, weshalb Antonius auch dieses Zeichen besitzt. In Würzburg gehörte den Antonitern schon im 12. Jahrhundert der Hof von Altenberg, wo sie das Privileg hatten, ihre Schweine mit einem Glöckchen am Halse frei herumlaufen zu lassen", wußte ich beizutragen.

Mehrere Tage hatte ich sowohl die Malereien der Reiterheiligen, als auch die mittelalterlichen Graffiti der Pilger und Reisenden an den Wänden der alten Antoniuskirche studiert und konnte somit die Führung der internationalen Besucher übernehmen. Von den fast lebensgroßen Darstellungen der Heiligen an den Wänden im Chor und im Kirchenschiff waren alle sichtbar beeindruckt. „Diese Darstellungen wurden im 13. Jahrhundert geschaffen und zum Teil im 16. Jahrhundert restauriert. Vor 30 Jahren wurden sie von Professor Whittemore gesäubert, sonst hätten wir überhaupt nichts erkennen können. Mehr als 60 Personen, Engel, Propheten, Könige, Apostel, Patriarchen, Mönche, Jungfrauen, Märtyrer, Reiterheilige können wir an diesen Wänden zählen", erklärte ich. – Unsere amerikanischen Freunde, die mit dem Namen der vielen Heiligen wenig anfangen konnten, interessierten sich für die Graffiti, die sie an den Wänden entdeckten. In gut lesbaren griechischen Buchstaben hatte der griechisch-orthodoxe Patriarch Kallinikos von Alexandrien seinen Namen und das Datum seines Besuches, 18. Mai 1859, in den Putz geritzt. Jonathan fand an der Westwand den Namen Porphyrius Uspensky. „Dieser russische Archimandrit besuchte das Kloster 1850 in der Hoffnung, die russische und koptische Kirche zu vereinigen", sagte ich. „In seiner Begleitung war der Abt und spätere Papst Kyril IV., der große Reformator und Erzieher der koptischen Kirche, der aufgrund seiner dynamischen Persönlichkeit leider keines natürlichen Todes starb, oder, wie Professor Strothmann dazu schrieb: ‚Gift war im Orient kein seltenes staatliches Mittel'."

Betty Wilson entdeckte ein eingeritztes Wappen und einige gotische Buchstaben. „Dieses Familienwappen mit den drei Herzen finden Sie auch an der Südwand dieser Kirche und interessanterweise ebenfalls im Speisesaal des Katharinen-Klosters im Sinai. Sein Name ‚Detloff Heinkel' und das Datum 1436 sind leider nur noch schwer erkennbar." Jonathan fand die Geschichte der Pilgergraffiti wesentlich spannender als meine ikonographischen Ausführungen über die biblischen und koptischen Heiligen. Unbeobachtet von seinen Eltern wollte er gerade mit seinem Taschenmesser seinen Namen zu den der kirchlichen Prominenz eingravieren, als Herr von Grabow ihn davon abhielt und mit den Worten belehrte: „Narrenhände beschmieren Tisch und Wände." Jonathan konnte den bösen Blick des deutschen Denkmalhüters nicht verstehen und verwies ihn auf die orthodoxen Gottesnarren.

Für alle ergreifend waren die Malereien in der kleinen dunklen Seitenkapelle, die den thronenden Christus Immanuel in einer von vier Engeln getragenen Mandorla, umgeben von den Evangelistensymbolen, Maria und Johannes und den himmlischen Gestirnen darstellen. In der äußersten Ecke kauernd erkannten wir im Dunkel Abûnâ Yustus, der, von uns unbemerkt, sich hier niedergelassen hatte. Mit einem kümmerlichen Kerzenstummel zeigte er uns die Einzelheiten der Bilder. „Schön, daß wir Sie hier wiedersehen, Sie sind wohl häufig in dieser Kapelle", sagte Betty Wilson unbeschwert. Der Mönch schwieg, und auch das faltige Gesicht verriet keine Spur der Erwiderung. Später flüsterte er mir zu: „Ich wollte hören, was Sie sagen. Gott hat es so gewollt, daß ein Mensch vom andern lernt."

Während die Damen auf dem Balkon des Gästehauses das Mittagessen vorbereiteten und Karl die mitgebrachten Primuskocher in Gang brachte und die Orangensaft-, Fleisch-, Ravioli-, Erbsen-, Pfirsich- und Ananasdosen öffnete, hatten Jonathan und Mary sich unerlaubterweise von den Erwachsenen entfernt und untersuchten die Felsspalte, aus der das Quellwasser floß. Das Unglück wollte es, daß nach einer kurzen Weile Mary weinend und pudelnaß unten an der Balkontreppe stand, verunsichert und schüchtern nach oben sah und nicht wußte, ob sie es wagen konnte, sich so den anderen Teilnehmern zu präsentieren.

Jonathan nahm ihr die Entscheidung ab: „Mary hat für das ganze Kloster das Wasser verunreinigt, jetzt werden wir alle krank", petzte ihr älterer Bruder lautstark und freudestrahlend. Kathy Clark tröstete ihre Tochter und war bemüht die unangenehme Affaire herunterzuspielen, indem sie verkündete, so daß alle es hören konnten: „Jonathan, Du hättest Deine Schwester nicht so naßspritzen dürfen!" Aber Jonathan ließ nicht locker: „Ich habe sie doch aus dem Schöpfloch gezogen. Vor Schreck hat sie da noch . . ., ja!" Jim Clark schaltete sich ein: „Welches Schöpfloch war es denn?" fragte der besorgte Vater. Jonathan führte seinen Vater zur Unglücksstelle und beschrieb ihm den Vorfall in allen Einzelheiten.

Bei den Harrisons gab es Rührei, Bratkartoffeln und Schinken. „Wir haben eine Tasse Tee für Sie, kommen Sie und leisten Sie uns Gesellschaft." Ich bedankte mich für die Einladung. „Über unseren Betten hängen zwei Bilder von Jerusalem, die Grabeskirche und ein kleines Marmorgebäude innerhalb einer Kirche. Haben diese Bilder eine besondere Bedeutung für dieses Kloster?" fragte Herr Harrison. „Das kleine Marmorgebäude ist das Grab unseres Herrn Jesus Christus mit der Engelskapelle und der Grabkammer innerhalb der Rotunda der Grabeskirche. Die Mönche dieses Klosters haben eine sehr enge Verbindung zu den heiligen Stätten. Genauso wie seit 700 Jahren die Franziskanerväter die katholischen Interessen im Heiligen Land vertreten, sind die Väter des heiligen Antonius seit vielen Jahrhunderten die Wächter der koptischen Kirchen, Klöster und Altäre im Heiligen Land. In Jerusalem, Bethlehem, Jaffa, Nazareth und Jericho unterhalten die Kopten Kirchen, Schulen, Internate und Pilgerhospize. In der Grabeskirche besitzen sie die kleine Kapelle am Kopfende des Christusgrabes. In Bethlehem feiern sie am koptischen Heiligabend die Eucharistie in der Geburtskirche, und auch im Mariengrab zu Gethsemane genießen sie gewisse Privilegien. In Jericho haben sie eine Kirche und am Jordanfluß ein kleines Kloster. Früher waren es ausschließlich Antoniusmönche, die die koptische Kirche in Jerusalem vertraten, heutzutage sind auch Mönche anderer Klöster im Heiligen Land", erklärte ich den Harrisons.

„Und wie begründen Sie die Vorrangstellung dieser Mönche? So sonderlich gescheit erschienen mir die Mönche, denen wir begegnet sind, eigentlich nicht; natürlich gibt es Ausnahmen wie Ihr Freund Sharûbîm", wollte Herr Harrison wissen. „Für 300 Jahre, vom 17. bis zum 19. Jahrhundert, bestimmten die Mönche dieses Klosters die Geschichte der koptischen Kirche. Allein in dieser Zeit wurden zwölf Antoniusmönche zu koptischen Päpsten gewählt. Es ist verständlich, daß somit auch die koptischen Erzbischöfe von Jerusalem aus diesem Kloster berufen wurden. Aber auch der für die Ägypter so bedeutende Wallfahrtsort der heiligen Dimiana, unweit von Bilqâs im Nildelta, wird von den Mönchen dieses Klosters betreut, da er für Jahrhunderte dem Erzbistum von Jerusalem unterstellt war. Von den 80 Antoniusmönchen leben also nur ein Drittel in diesem Kloster, die übrigen Mönche sind der Klosterniederlassung in Bûsch im Niltal zugewiesen, dienen im Heiligen Land oder versorgen Stadt- oder Landgemeinden."

Die Herren nutzten den Nachmittag, das Kloster eingehend auf Photomotive hin zu inspizieren, währen die Damen auf dem Balkon Kaffee und Tee tranken und sich angeregt unterhielten. John Wilson und die beiden Holländer suchten ihre Photoapparate, Weitwinkel- und Teleobjektive zusammen. Herr von Grabow holte seinen Filmapparat mit Filmtrommel hervor, der mit seinen Kolbengriffen und Abzughähnen mich an eine Maschinenpistole erinnerte. Ich durfte Blitzgeräte, Tragebatterien und Kabel halten. „Was meinen Sie, werden die Mönche sich photographieren lassen?", fragte Herr Wilson. „Das kommt darauf an", antwortete ich, „die traditionelle Photophobie hat in vielen Fällen in eine

Photophilie umgeschlagen, und einige Väter werden sich Ihrer Photomanie gern stellen, besonders wenn Sie ihnen versprechen, die Photos zuzuschicken."

In der sanften Abendsonne erschienen die Konturen der Kirchen mit ihren Kuppeln und die engen Klostergassen besonders eindrucksvoll. Durch das wilde Blättergerank wurden die unregelmäßigen Mönchsbehausungen mit den grellblau, blaßgrün oder rosa gestrichenen Fensterläden, die in ihrer Buntheit an Bienenstockbrettchen erinnerten, von allen Seiten photographiert. Herr von Grabow machte mich auf das massive Holzrad einer alten Mühle aufmerksam, das einst von einem mit verbundenen Augen kreisenden Ochsen oder Esel betrieben wurde. Da lagen noch die Mühlsteine und kunstvoll geschnitzte vierkantige Holztrichter, die an die Zeiten erinnerten, als noch das Korn im Kloster verarbeitet wurde. — Inzwischen hatte Jim Clark die übrigen Mitreisenden beruhigen können; seine Tochter sei lediglich in die Waschzisterne gefallen, aus der er glücklicherweise noch die teure Zahnklammer herausfischen konnte, die Mary in ihrer Aufregung verloren hatte.

Die Abreise war von der Gruppe für 7 Uhr festgesetzt. Ich bat Abûnâ Sharûbîm, dem Abt und dem Pförtner den Termin bekanntzugeben. Kurz vor der Abreise erinnerten mich Jonathan und Mary an mein Versprechen, sie mit der Winde von der Klostermauer herunterzulassen. — „Kommt Kinder, haben wir nicht gerade genug Scherereien mit euch hier gehabt?" meinte Kathy Clark. „Versprochen ist versprochen", antwortete Jonathan und rannte zum Aufzug, den er schon am Vortage mit seiner Schwester begutachtet hatte. Die Klosterdiener schleppten die Koffer, Schlafsäcke, die Reste von Toilettenpapier und die leeren DDT-Dosen zu den im Klosterhof parkenden Wagen. Abûnâ Lûqâ öffnete das Tor. Jonathan, Mary und ich warteten an der Winde und sahen durch eine 1 m im Quadrat große Öffnung 12 m in die Tiefe. „Sehr stabil erscheint mir das Seil gerade nicht", kommentierte ich, worauf Jonathan seiner Schwester zu-

50

rief: „Mary, Du bist die erste!" Mary setzte sich zitternd auf das mit Knoten befestigte schmale Sitzbrett und klammerte sich verängstigt an das Seil. Langsam ließ ich das um den Holzzylinder gewickelte Seil hinunter. Dann kam Jonathan an die Reihe. Vor dem Klostertor hatten sich Abûnâ Sharûbîm, Bûlus, Buqtur, Bûtrus und Yustus und die Klosterdiener zum Abschied eingefunden. Abûnâ Bûtrus, der wohl der älteste der anwesenden Wüstenväter war, erhielt von jedem Besucher einen angemessenen Bakschisch für die überaus gefällige Gastfreundschaft. — Wie an den Vortagen saßen immer noch die Beduinenfrauen an der Klostermauer und nährten ihre Säuglinge. „Sitzen diese armseligen Geschöpfe immer hier?" fragte die deutsche Freifrau. „Sie gehören nun einmal zum Kloster wie die Möwen zum Schiff, geduldig hockend, wartend und hungrig, bis ein Brocken für sie abfällt", antworte ich. In ihre schwarzen Tücher eingehüllt, erschienen sie uns wie große aufgeplusterte Vögel.

Die Motoren wurden angelassen, und die Wagen setzten sich in Bewegung. Wir verfolgten die grauen Staubwolken, bis sie am Horizont verschwanden. Abûnâ Lûqa schloß das Klostertor. In der so plötzlich eingetretenen Ruhe fühlte ich mich einsam und verlassen. Abûnâ Sharûbîm klopfte an die Tür meines bischöflichen Quartiers und brachte eine angebrochene Flasche süßen Sherry mit. „Sie erinnern sich, die blonde Dame mit der, mit der, mit der . . . Bluse hat diese Flasche zurückgelassen, und zwar für Sie und für mich", sagte er schüchtern.

DAIR ANBÂ BÛLÂ

„Im Paulus-Kloster –
Theologen fragen, Mönche antworten"

Wir waren gerade mit dem Abendessen fertig, als das Telefon klingelte. Badawi, unser Diener, rief mich an den Apparat mit den Worten: „Die deutsche Botschaft!" Tatsächlich war es der Kulturattaché, bei dem sich eine Reisegruppe deutscher Theologen eingefunden hatte, die den Wunsch äußerten, ein koptisches Wüstenkloster zu besuchen. Ich überlegte für einen Augenblick und schlug den deutschen Amtsbrüdern einen Besuch im Paulus-Kloster am Roten Meer vor. „Diese Fahrt verbindet außerdem noch das Nutzbringende mit dem Angenehmen, indem wir im Roten Meer, oder besser gesagt, im Golf von Suez, baden können", ließ ich den Leiter der Gruppe wissen.

Wir trafen uns vormittags vor der amerikanischen Universität am Midan al-Tahrir im Stadtzentrum Kairos. Photoapparate, Verpflegung, Wasserkanister und Badezeug wurden im Wagen verstaut, und während wir uns durch den dichten Verkehr der Kairoer Innenstadt schlängelten, stellten wir uns einander vor. Professor Weiser mit der dicken Hornbrille und buschigem Schnurrbart war Kirchenhistoriker und interessiert an dem Einfluß der orientalischen Frömmigkeit auf die westliche Theologie. Dr. Zimmermann, ein hagerer Norddeutscher mit langen, blonden Haaren, war Assistent und hatte in praktischer Theologie und Pastoralpsychologie promoviert. Die beiden lutherischen Pastoren Müller und Zanke waren Gemeindepfarrer, die ihren Urlaub benutzten, um sich fortzubilden.
„Wieso Paulus-Kloster?" fragte Dr. Zimmermann, als wir dem Verkehrsgewühl der Innenstadt entronnen waren und uns auf der Wüstenstraße nach Suez befanden. „Dieses Kloster hat nichts mit dem Apostel Paulus zu

tun", erwiderte ich. „Das Paulus-Kloster ist nach dem ersten uns bekannten christlichen Einsiedler, Paulus von Theben, benannt. Über die Geschichte des Klosters wissen wir leider sehr wenig, denn durch die Jahrhunderte seiner Existenz hat es immer im Schatten seines großen Bruders, des Antonius-Klosters, gestanden. Der Grund dafür liegt vielleicht auch in der größeren Popularität des heiligen Antonius, denn wer weiß schon etwas über Paulus von Theben!" Professor Weiser erinnerte sich an die Aufzeichnung des heiligen Hieronymus, der das Leben des thebäischen Paulus beschrieben hatte, fügte aber dem gleich hinzu, daß die Glaubwürdigkeit dieses Berichtes zweifelhaft sei. Pastor Müller, der bis zu diesem Zeitpunkt mehr an den in der Wüste grasenden Kamelen interessiert war als an frühchristlichen Überlieferungen, wollte den Grund für die offensichtlichen Zweifel des Kirchenhistorikers wissen. „Wir fahren doch wohl nicht irgendeinem Phantom nach, oder?" − „Die Paulusvita des heiligen Hieronymus enthält so viele Wundergeschichten, daß sie unglaubwürdig erscheinen muß; außerdem erklärten der Kirchenvater und Patriarch Athanasius, daß Antonius der erste gewesen sei, der sich in die Einöde zurückgezogen hat", erwiderte der vielbelesene Weiser. „Nun, schön und gut", argumentierte ich, „aber wir sollten vielleicht doch noch einen anderen Kirchenvater zu Wort kommen lassen. Palladius, ein Zeitgenosse des Hieronymus, beschreibt in seinem ,Paradies der Heiligen Väter', daß seinerzeit schon viele der Meinung waren, Antonius sei der erste aller Mönche gewesen. Wollen wir aber die Wahrheit erfahren − so fährt er fort −, dann müssen wir bekennen, daß nicht Antonius, sondern Paulus der erste Mönch war", wußte ich zu zitieren; „denn Palladius hatte mit Jüngern des Antonius gesprochen, die ihm die Lebensgeschichte des Paulus von Theben erzählten". − „Also war dieser Paulus doch eine geschichtliche Person?" wollte Pastor Müller bestätigt wissen. Professor Weiser schwieg, und ich kommentierte lediglich, daß nach koptischer Überlieferung Paulus im

Jahre 228 geboren wurde und im Alter von 115 Jahren 343 in der Wüste starb.

In der Zwischenzeit hatten wir Suez, das römische Clysma, und damit auch den Golf von Suez erreicht. Pastor Zanke, der bisher schweigsam der kirchengeschichtlichen Unterhaltung zugehört hatte, wurde durch den Anblick des Meeres ermuntert, nach einem geeigneten Badestrand zu fragen. Ich schlug vor, das Baden für die Rückreise aufzuschieben, da mir daran gelegen war, das Kloster noch vor Sonnenuntergang zu erreichen. Die Straße von Suez führt dicht am Meer entlang.

„Haben die rötlichen Berge zu unserer Linken vielleicht diesem Meer den Namen ‚Rotes Meer' gegeben?" wollte Pastor Müller wissen. Ganz eindeutig erschien das Meer in der sich neigenden Abendsonne violett-rot. „‚Rotland' nannten die alten Ägypter die Wüste zwischen Nil und Meer. Tatsächlich sind in manchen Teilen dieser Wüste Sand und Berge von intensiver roter Farbe. Heute hat die phantastische Bezeichnung einem geographischen Begriff Platz gemacht", sagte ich. Wir passierten den Leuchtturm von Abû Darag und eine Stunde später den Leuchtturm von Ras Zafaranah.

Hier unterbrachen wir unsere Fahrt. Die Amtsbrüder krochen aus dem Wagen, streckten und reckten sich und ich begab mich zur Leuchtturmbesatzung, um nach Post für die Mönche des Paulus-Klosters zu fragen. Da das Kloster 13 km von der Uferstraße des Roten Meeres entfernt liegt, sind die Väter auf die Bereitwilligkeit ihrer wenigen Besucher angewiesen, Post für sie mitzubringen und abzusenden. Wir erhielten eine Anzahl Briefe und Pakete und standen somit im Dienst der ägyptischen Post. Nach weiteren 26 km erblickten wir am Straßenrand einen Wegweiser, der in arabischer und englischer Sprache auf eine Piste hinwies, die zum Paulus-Kloster führte. Diese letzten Wüstenkilometer haben schon viele Besucher in romantische, ja fast ekstatische Stimmung versetzt, wie wir in ihren Berichten lesen können. Eine gefährlich anmutende Wildnis, eine durch tiefe Täler bestimmte Einöde, durch die sich die Piste zum Kloster schlängelt, das waren die unvergeßlichen Eindrücke, die auch jeder von uns empfand. Über 10 km windet sich der Weg durch ein enges Wâdî, bis plötzlich und unerwartet das Kloster erscheint. Die letzten 100 m über steile Felsen und Gestein zwangen uns, den Wagen vor das Eingangstor zu schieben.

Der deutsche Gelehrte Georg Schweinfurth kam 1876 zum Paulus-Kloster. Ich glaube, daß niemand in knapperen Worten und doch mit so großer Anschaulichkeit die Landschaft um das Wüstenkloster geschildert hat als er: „Eine fürchterliche Gebirgswildnis bildet die nächste Umgebung des Klosters. Sie gewährt das großartigste Bild von der felsenstarrenden Wüstenöde, die sich der Wanderer auf diesem den Fußspuren des Vaters aller Eremiten folgenden Pfade zu vergegenwärtigen vermag. Es ist ein Masseneinbruch in die Tiefe, ein wahres Höllentor, wie es sich schreckensvoller kaum die Phantasie eines Dante auszumalen wüßte. Ein einförmiges Grau, eingefaßt vom weißen Rahmen der oberen Steilabstürze, ohne jegliche Spur von Vegetation, außer den vereinzelten Palmen an den Quellen, die tief versteckt in schauerlichen Felsspalten hier und dort mit ihren dunklen Kronen ans Tageslicht treten, umfängt mit langen Schatten, die von den Wänden des Kessels in die Tiefe fallen, allseitig die finsteren tausendjährigen Mauern des Klosters. Nichts stört die Ruhe und den schweigenden Ernst dieser furchtbar drohenden Felshänge, der Eindruck ist ein unsaglich finsterer und schauerlicher."

Drei Mönche, die das Motorengeräusch in der Abendstille vernommen haben mußten, waren zu unserem Empfang vor dem neuen Klostertor erschienen. „Ahlan wa sahlan" − „Herzlich Willkommen!" „Saeeda" − „Guten Abend!" Dr. Zimmermann schaute auf ein zierliches, über die gewaltigen Klostermauern hängendes Häuschen. „Und was soll das bedeuten?" fragte er erstaunt. „In diesem Häuschen befindet sich eine Winde, denn bis ungefähr vor 50 Jahren wurden die Besucher mittels eines Seils auf die Klostermauer gezogen. Eine genaue Beschreibung dieses Erlebnisses bietet die Koptologin Dr. Agnes Smith-Lewis, die 1904 dieses Kloster besuchte. Sie wurde in ein Netz aus groben Seilen eingenäht und dann mit einer Winde auf die Klostermauer gehievt — aber erst, nachdem der Damenbesuch nach langen Verhandlungen genehmigt worden war, und sie sich bereit erklärt hatte, sich nachtsüber in ihrem Zimmer einsperren zu lassen", erklärte ich. — Wir durften durch das neue Tor das Kloster betreten. Von einem älteren Wüstenvater begleitet — es stellte sich später heraus, daß er der Abt war —, wurden wir in das in einer Art levantinischem Stilgemisch errichteten Gästehaus geführt. Zwei Klosterdiener nahmen sich unseres Gepäcks an. Abûnâ Damîân, der genug Englisch sprach, um sich zu verständigen, gesellte sich zu uns und begann mit seinen über Stunden andauernden Erklärungen. Es wurde uns sehr bald bewußt, warum seine Mitbrüder ihn als „Gazetta del convento" bezeichneten.

Inzwischen war es dunkel geworden. Vor dem Gästehaus, im Innenhof des Klosters, waren einige Stühle und zwei Tische aufgebaut. Eine Kerosinlampe spendete das nötige Licht. Tee, wie üblich im Glas, und der sogenannte türkische Kaffee in kleinen Mokkatassen wurden von den Klosterdienern serviert. Die beiden Gemeindepfarrer wollten nun etwas mehr über den Klostergründer erfahren als die kritischen Bemerkungen unseres Kirchenhistorikers. Abûnâ Damîân war nur allzugern bereit, Auskunft zu erteilen.

„Unser Paulus war ein junger Mann, als die Christenverfolgungen unter den römischen Kaisern Decius und Valerian in Ägypten ausbrachen. Seine Eltern verlor er, als er noch ein Kind war, und wie der heilige Antonius lebte er mit seiner Schwester. Paulus aber trennte sich von seiner Schwester, verließ Alexandrien und zog sich in die Einsamkeit zurück, wo er mit Wüstenwölfen und anderen wilden Tieren zusammen lebte. Die Krähen, die bis auf den heutigen Tag in den Bergen nisten, brachten ihm

Paulus-Kloster

Brot. Eines Tages wurde er von dem greisen Antonius hier aufgesucht. Dieser kam über diese Berge dort drüben und wurde von den Krähen und den wilden Tieren zur Höhle unseres Paulus geführt. Bis auf den heutigen Tag wandern alljährlich am Antoniustag einige Mönche unseres Klosters über den Bergkamm zum Antonius-Kloster, auch am Gedenktag unseres Paulus kommen einige Mönche vom Antonius-Kloster zu uns, um mit uns gemeinsam die Liturgie zu feiern. Paulus und Antonius wurden gute Freunde. Eines Tages, als Antonius unseren Paulus besuchte, rief Gott unseren Vater zu sich. Antonius betete und trauerte über den Verlust seines Freundes. Da näherten sich zwei Löwen. Antonius fürchtete sich, aber die Löwen wedelten mit ihren Schwänzen, und mit ihren Klauen gruben sie ein Grab. Diese beiden Löwen werden Sie auf allen Paulus-Ikonen auch sehen. Dann legte Antonius seinen Freund in das Grab, betete und dankte Gott und nahm das aus Palmenblättern bestehende Hemd seines Bruders, um es an besonderen Feiertagen anzulegen."

Die beiden Gemeindepfarrer waren sichtlich beeindruckt von dieser Geschichte, und Pastor Zanke fragte, ob das Paulusgrab noch erhalten sei. „Wir sind in der glücklichen Lage, das Grab unseres Mönchsvaters in unserem Kloster zu besitzen, ich zeige es Ihnen morgen, wenn wir die alte Höhlenkirche besuchen; da steht ein Marmorsarkophag mit seinen leiblichen Überresten", erwiderte der aufgeschlossene Damîân mit gewissem Stolz. Professor Weiser schüttelte seinen Kopf und flüsterte mir zu, daß die Paulusreliquien noch im 13. Jahrhundert in Konstantinopel waren, von wo sie über Venedig nach Budapest überführt wurden.

Über die Geschichte des Klosters konnte ich nur wenig hinzufügen. Eine örtliche Überlieferung berichtet, daß das Kloster von dem byzantinischen Kaiser Justinian für melkitische Mönche restauriert worden war. Im 6. Jahrhundert besuchte der anonyme Pilger aus Placentia, der sog. Antoninus Martyr, die Paulushöhle, die Syracumba hieß und in der Nähe einer Quelle lag. Fast 600 Jahre lang bleibt uns dann die Klostergeschichte verborgen, bis wir in der ersten Hälfte des 12. Jahrhunderts auf einen kurzen äthiopischen Hinweis stoßen, der von der dreijährigen Verbannung des koptischen Patriarchen Gabriel II. ibn Turaikh berichtet. Zur Zeit des armenischen Kirchenhistorikers Abû Sâlih im 13. Jahrhundert war das Paulus-Kloster völlig abhängig von den Mönchen des Antonius-Klosters, die dort in regelmäßigen Abständen die Liturgie zelebrierten. Im 14. Jahrhundert war für eine kurze Zeit das Paulus-Kloster von syrischen Mönchen bewohnt, wie wir aus einer syrischen Handschrift aus dem Syrer-Kloster im Wâdî'n-Natrûn erfahren.

Einer der ersten westlichen Pilger zum Paulus-Kloster war der französische Adelige Ogier VIII. von St. Cheron, der im Jahre 1395 Ägypten und das Heilige Land besuchte. Er berichtete, daß das Kloster von 60 Mönchen bewohnt war, die demselben Ritus folgten wie die Brüder im Antonius-Kloster. Fast 30 Jahre später klopfte dann Ghillebert de Lannoy mit sieben Pilgern an die Pforten des Paulus-Klosters. Die Lage hatte sich nicht verändert, denn auch er berichtete von der Abhängigkeit der Mönche vom Antonius-Kloster. − An der Westwand der alten unterirdischen Pauluskirche befindet sich ein gut lesbares Graffitto mit dem Namen „Franz Sembacher" in gotischer Schrift. Den Buchstaben nach zu urteilen, besuchte dieser deutsche Pilger das Kloster im 14. oder 15. Jahrhundert. Die biblischen Bezüge zum Kloster finden erst im 15. Jahrhundert Erwähnung. Der islamische Geschichtsschreiber al-Maqrizi erzählt von einer mönchischen Überlieferung, nach der die Prophetin Mirjam, die Schwester des Mose, sich in der Quelle des Paulus-Klosters gereinigt habe, als ihr Bruder mit dem Volk Israel in der Nähe von Clysma lagerte. In den letzten Jahren des 15. Jahrhunderts wurden die beiden Klöster am Roten Meer von Beduinen überfallen, zerstört und die Mönche erschlagen, so daß sich der koptische Patriarch Gabriel VII. (1525−1568) genötigt sah, zehn

Mönche des Syrer-Klosters zum Wiederaufbau in das Paulus-Kloster zu schicken.

Vom 17. Jahrhundert an erhalten wir von den europäischen Reisenden ausführliche Berichte über das Leben und Treiben der Mönche. So besuchten die katholischen Priester Coppin und Agathangelus das Kloster 1638, wo sie die heilige Messe zelebrieren durften. Sie besichtigten die alte Pauluskirche und begutachteten den Klostergarten mit seiner Quelle. Im 17. Jahrhundert wurde das Kloster ein zweites Mal zerstört, denn von dem Patriarchen Johannes XVI. (1676–1718) wird berichtet, daß er das Kloster im Jahre 1701 noch einmal aufbauen ließ. Aus koptischen Quellen erfahren wir, daß bis in die Mitte des 19. Jahrhunderts die Verwaltung des Klosters vom Antonius-Kloster abhing, d.h., daß der Abt des Antonius-Klosters auch Abt des Paulus-Klosters war.

Während Abûnâ Damîân und ich die Geschichte des Klosters „zusammenflickten", empfanden wir ein schmerzhaftes Unbehagen. Pastor Zanke brachte das Gespräch auf die kleinen Tierchen, die uns seit geraumer Zeit plagten. An den Armen, im Gesicht und am Hals waren wir die Opfer winziger Fliegen geworden, die uns mit ihren Bissen fast zur Raserei trieben. Völlig zerstochen von diesen blutdürstigen Insekten, einer Gnittenart, die zu gewissen Jahreszeiten in Schwärmen aus dem nördlichen Sudan das Kloster überfallen, zogen wir uns in unsere Schlafräume zurück.

Den Sonnenaufgang über dem Golf von Suez erlebten wir von der 9 m hohen Klostermauer aus. Anschließend versammelten wir uns auf der Veranda des Gästehauses, wo uns ein Täßchen türkischer Kaffee, einige Brotfladen mit Schafskäse und Kekse von einem Klosterdiener angeboten wurden. Abûnâ Damîân wartete schon ungeduldig, um uns durch die Kirchen „seines" Klosters zu führen. Der Stolz der Mönche ist die sog. „neue" Kirche, die dem Erzengel Michael geweiht ist. Sie wurde im 17. Jahrhundert errichtet. Vor dem Glockenturm, außerhalb der Kirche, zogen wir unsere Schuhe aus, und wie es in koptischen Kirchen üblich ist, betraten wir die Kirche auf Socken. Dr. Zimmermann, schockiert über diese Notwendigkeit, bemerkte: „Wir besuchen hier doch keine Moschee, sind die Brüder schon so islamisiert?" Pastor Müller antwortete ihm bibelfest: „Zieh deine Schuhe von deinen Füßen, denn der Ort, darauf du stehst, ist heiliges Land" (Ex 3,5). Der Zementboden der Kirche war mit Strohmatten bedeckt. Abûnâ Damîân begann mit seinen Erklärungen: „Diese Kirche hat zwei Altarräume, der nördliche ist dem Erzengel Michael, der südliche Johannes dem Täufer geweiht."

Als der Name Johannes des Täufers fiel, zeigte unser beflissener Klosterführer auf eine tellerähnliche Ikone, die das Haupt des Täufers auf einer Schüssel darstellte (Mt 14,11). „Diese Ikone wurde von dem bekannten koptischen Ikonenmaler Ibrahim an-Nasikh angefertigt, das Datum ist 1760." Vor der Gottesmutter-Ikone an der Chorwand verneigte sich Abûnâ Damîân mehrere Male und deutete damit uns allen an, daß dieser Ikone besondere Verehrung zukommt. „Diese Ikone ist die einzige von dem Evangelisten Lukas gemalte Ikone in Ägypten. Sie stammt aus dem Jahre 40." Professor Weiser schwieg höflicherweise, Pastor Müller schüttelte den Kopf und Dr. Zimmermann fragte erstaunt: „Wie ist denn das möglich? In Rom, auf dem Berg Athos, in Jerusalem, in Zypern, in Griechenland und jetzt auch noch hier in der Wüste, überall Marienikonen vom Lukas?" Ich versuchte den Pastoraltheologen zu überzeugen, daß man eine solche Glaubensaussage weder historisch noch kunstkritisch deuten dürfe. „Hier handelt es sich um einen für die Mönche besonderen Kultgegenstand, dem sie übernatürlichen Ursprung und Kräfte beimessen. Und wie die alten Griechen in Ephesus der Statue der Göttin Diana göttiche Herkunft andichteten (Apg 19,35), so haben die koptischen Mönche die Entstehung dieser Gottesmutter-Ikone in die apostolische Zeit verlegt. — Johann Georg von Sachsen, dem 1930 diese Ikone gezeigt wurde, schrieb die Malerei dem Ende des 19. Jahrhunderts zu, womit er vielleicht auch nicht Unrecht hatte; denn die Klosterbesucher des 19. Jahrhunderts schweigen über eine von Lukas gemalte Gottesmutter-Ikone."

Mit sichtbarer Freude öffnete Abûnâ Damîân die Tür zur Bibliothek, einem kleinen verstaubten Raum neben dem Nordaltar. Für viele Besucher der letzten Jahrhunderte war der Zugang zur Bibliothek verschlossen, denn allzuviele koptische Manuskripte wurden von Bibliophilen rechtmäßig oder unrechtmäßig erworben und fanden ihren Weg in die Bibliotheken der europäischen Großstädte. Der Sachsenherzog berichtete noch: „Eine Bibliothek gibt es hier nicht mehr." Von den 500 Bänden zeigte Abûnâ Damîân mehrere handgeschriebene Lektionare aus dem 18. Jahrhundert. Als Professor Weiser nach älteren Manuskripten fragte, erhielt er ein Lachen zur Antwort: „Die wertvollen Sachen haben wir natürlich versteckt, und nicht einmal die Mönche wissen, wo diese Manuskripte aufbewahrt werden."

Bevor wir die alte unterirdische Pauluskirche besuchten, zogen wir unter Leitung von Abûnâ Damîân durch die engen Gassen des Klosters. „Hallo, wie geht es Ihnen?" rief uns ein Mönch auf Englisch zu. „Abûnâ Armanîûs ist mein Name, ich stamme aus Alexandrien und war Juwelier von Beruf." — Es ergab sich eine für uns etwas peinliche Situation, denn offenbar mußte der junge Damîân dem älteren Armanîûs die Klosterführungsrolle übergeben. „Wir haben hier 32 Zellen, die aber leider nicht alle bewohnt sind", fuhr Abûnâ Armanîûs fort. — Pastor Zanke hatte schon seit geraumer Zeit die Katzen beobachtet, die in den Klostergassen umherjagten, und fragte den gefälligen Abûnâ: „Was haben Sie denn hier an Tieren?" „Ein Pferd für unsere Mühle, einen Esel, wir haben zehn oder zwölf Ziegen und ich weiß nicht wie viele Katzen und Mäuse", antwortete der Wüstenvater lächelnd.

Als wir den Klostergarten betraten, kam uns Abûnâ 'Abd al-Nûr entgegen. Er begrüßte einen jeden von uns mit einem „achlan wa sachlan", als beträten wir sein Domizil. „Das kleine weiß getünchte Häuschen mit dem Kreuz und den arabischen Bibelsprüchen an den Wänden ist die Zelle von Abûnâ 'Abd al-Nûr, er lebt dort schon seit vielen Jahren als Einsiedler, und der Gemüse- und Obstgarten sind sein besonderer Stolz", wußte Abûnâ Armanîûs zu berichten. Zwischen den Palmenbäumen hatte er Zitronen, Orangen, Feigen, Guaven, Granatäpfel und einige Maisstauden gepflanzt. Der Weg führte uns zur Paulusquelle im westlichen Teil des Klosters. „Hier kommt das klare Wasser aus dem Fels, fließt in ein Auffangbecken, aus dem wir unser Trinkwasser nehmen. Dann fließt das Wasser in ein zweites Becken. Dieses Wasser gebrauchen wir zum Waschen. Ein weiterer Abfluß führt das Wasser dann in ein großes Sammelbecken, von dem aus es zur Bewässerung des Gartens Verwendung findet", erklärte der blauäugige Armanîûs. „Die andere Quelle nennen wir Mirjam-Quelle, sie liegt außerhalb des Klosters und dient den Beduinen."

Auf unserem Weg zum Innenhof kamen wir wiederum an dem Wehrturm vorbei. Pastor Müller bestand darauf, vom Dach des Turmes photographieren zu dürfen. „Es tut mir leid, Sie können weder in die Marienkirche, noch auf das Dach, der Turm ist baufällig", war die Antwort, und so mußte sich der photoeifrige Pastor damit begnügen, noch einmal auf die Klostermauer zu steigen. – „Über der alten Pauluskirche wurde im 18. Jahrhundert eine weitere Kirche errichtet. Sie gehört dem heiligen Merkurius oder Abû Saifain, dem Vater der zwei Schwerter", erklärte Abûnâ Armanîûs auf dem Weg zur Kirche. „Dann haben Sie also vier Kirchen für 20 Mönche", meinte Pastor Zanke. „Brauchen Sie so viele Kirchen?" „Nun, in der Merkuriuskirche haben wir nur einmal im Jahr Gottesdienst, in der Woche vor der Passionszeit, in der Michaeliskirche feiern wir unsere Liturgie, im Sommer, und im Winter benützen wir die Pauluskirche."

Mit unseren Schuhen in der Hand und geführt von Abûnâ Armanîûs, der uns mit Kerzen versorgt hatte, stiegen wir in die unterirdische, in den Fels gehauene Pauluskirche. Die grotesk erscheinenden Wandmalereien von Engeln und Heiligen veranlaßten die Theologen zu längeren Gesprächen. Professor Weiser sprach von kulturgebundener Originalität und urwüchsigem Ausdruck, Dr. Zimmermann beurteilte die Malereien als künstlerisch minderwertig und kitschig, Pastor Müller erkannte, daß die Gesichter und Heiligenscheine mittels eines Zirkels gemalt waren, während Pastor Zanke sich mit der Thematik der Malereien beschäftigte. Abûnâ Armanîûs, der von unserem Interesse an diesen Malereien peinlich berührt schien, erklärte uns die Geschichte dieser primitiven Pinselei, wie er sich ausdrückte: „Als die Kirchen im 17. Jahrhundert wieder aufgebaut wurden, fühlte sich einer unserer Mönche berufen, unsere alte Kirche würdig zu gestalten. Die katholischen Geistlichen Claude Sicard und J. S. Assemani, die am 30. Mai 1716 unser Kloster besuchten, um Manuskripte zu erwerben, erwähnen nämlich, daß sie diesen Mönch getroffen haben. Er erzählte ihnen, daß er die verschiedenen Farben aus dem farbigen Sand und Gestein der unmittelbaren Umgebung gewonnen, und daß er nie das Malen gelernt habe". — „Das erklärt alles", meinte Dr. Zimmermann, indem er sich mit überheblicher Geste Professor Weiser zuwandte, „und das nennen Sie orientalische Volkskunst?"

Pastor Zanke war mehr an der Darstellung der drei Jünglinge mit dem Engel Gottes im Feuerofen zu Babylon an der Westwand interessiert als an der Maltechnik oder der künstlerischen Bewertung. „Dies ist ein altes koptisches Thema, wir finden es schon in den Darstellungen des 5. Jahrhunderts in der Nekropole von al-Bagawat in der Oase Khargeh, aber auch im 13. Jahrhundert in der Makariuskirche im Makarius-Kloster im Wâdî-Natrûn", erläuterte der gebildete Mönch. „Wieso ist dieses Thema bei Ihnen so beliebt?" wollte der Gemeindepfarrer wissen. Abûnâ Armanîûs überlegte: „Mit dieser Geschichte wird uns doch etwas von der Standhaftigkeit des Glau-

bens vermittelt. Als Christen haben wir uns in jeder Generation von der Welt und besonders vom Staat bedroht gefühlt. Diese Jünglinge haben ihren Glauben nicht verraten und wurden für ihre Treue von Gott belohnt."
„Und wie verhalten Sie sich dem Staat gegenüber?" warf Dr. Zimmermann ein. „Das ist nicht so einfach zu beantworten, denn schon in der Heiligen Schrift finden wir eine Vielfalt von Möglichkeiten, wie sich der Christ dem Staat gegenüber verhält. Einige unserer Väter sahen den Staat – sowohl den römischen als auch den islamischen Staat – als die Verwirklichung des Antichristen. Ich denke dabei an die grausamen Christenverfolgungen in unserem Land. Dieser Einstellung begegnen wir ja schon in der Offenbarung des Johannes, wo der Staat mit der Mutter der Hurerei verglichen wird (Offb 17). Im allgemeinen aber folgten unsere Väter den Worten des Apostels Paulus, ‚Jedermann sei untertan der Obrigkeit . . ., denn es ist keine Obrigkeit ohne von Gott, wo aber Obrigkeit ist, ist sie von Gott verordnet' (Röm 13, 1)."
„Bedeutet das vielleicht, daß Sie auch die islamischen Herrscher, die Sultane und Khediven, als von Gott eingesetzt ansehen?" fragte der Pastoraltheologe interessiert. „Natürlich, für den Apostel Paulus war doch auch die Obrigkeit der christenfeindliche Kaiser Nero, und in unserer langen Geschichte haben die Patriarchen häufig für den islamischen Herrscher gebetet und in einigen Fällen sogar seine Entscheidungen als das Wort Gottes angesehen. Ich weiß, das wollen einige unserer Freunde nicht wahrhaben. In unserer Patriarchengeschichte werden mehrere Kalifen als gottesfürchtige Herrscher bezeichnet. Gerade wegen der vielen Unstimmigkeiten unter den christlichen Kirchen in früheren Zeiten haben sich unsere Väter immer wieder an den Sultan gewandt", erklärte Armanîûs überzeugend. „Und wie beurteilen Sie denn die immer wieder aufflackernden Bedrohungen, denen Sie ausgesetzt sind?" Dr. Zimmermann konnte sich mit den theologischen und historischen Bemerkungen nicht zufrieden geben. „Es gibt selbstver-

ständlich auch heute Ungerechtigkeit in unserem Lande. Christen haben es immer schwer gehabt, gehobene Beamtenstellen zu erhalten. Es kommt auch gelegentlich vor, daß die eine oder die andere Kirche vom Pöbel zerstört wird, aber das ist nun einmal das Schicksal, das wir als eine Minorität zu erdulden haben; wir sind ja nun einmal nicht mehr als 10 % der Bevölkerung. Denken Sie an Kleinasien oder Libyen, da existieren überhaupt keine Kirchen mehr", war die Antwort des Wüstenvaters, der für viele Jahre als Geschäftsmann in der Welt gelebt hatte und die Lage der Christen gelassen beurteilte.

Professor Weiser und die beiden Pfarrer hatten sich inzwischen den übrigen Kapellen zugewandt. Die Malereien in der dunklen und fast gespenstisch erscheinenden Kapelle der 24 Ältesten der Apokalypse (Offb 4,4 f.) führten zu neuen Fragen; denn europäische Theologen setzen sich mit der Zahlen- und Geistersymbolik der Johannes-Offenbarung nur selten auseinander. − „Die 24 Ältesten spielen in unserer Theologie, aber auch in unserer Volksfrömmigkeit eine bedeutende Rolle. Sie werden in vielen unserer Kirchen auf Ikonen und Wandmalereien gezeigt, und ihre Namen finden auch in der christlichen Magie Verwendung", belehrte uns Abûnâ Armanîûs. „Wieso, haben die Ältesten auch Namen? In der Bibel werden doch keine Namen genannt, oder?" erkundigte sich Pastor Müller. „Das ist ganz einfach", erwiderte der Mönch lächelnd, „die Ältesten sind benannt nach den Buchstaben des griechischen Alphabets: Akhael, Banuel, Ganuel, Dauel, usw.".

Bevor wir die Höhlenkirche verließen, begab sich Abûnâ Armanîûs zum Paulus-Sarkophag. Er verneigte sich mehrere Male tief, um damit seine Verehrung zu demonstrieren, dann bekreuzigte er sich und küßte die dunkelrote Samtdecke, die das Grab bedeckte. „Hier liegt unser Paulus, dieses ist der heiligste Ort in unserem Kloster", bemerkte der Klosterführer. − Pastor Zanke litt immer noch an den Fliegen- und Mückenstichen und sehnte sich nach dem ihm während der Hinfahrt versprochenen Bad im Roten Meer. Wir trafen uns zum Abschied noch einmal mit einigen Mönchen zu einem Glas Tee. Der Abt übergab mir mehrere Briefe und Päckchen mit der Bitte um postalische Erledigung. Abûnâ Damîân begleitete uns noch auf den Weg und wünschte uns „Gute Reise". Nach einer weiteren Stunde schwammen wir in dem angenehm warmen Wasser des Roten Meeres und erfreuten uns des herrlichen Strandes.

DAIR AL-MUHARRAQ

„Im Marien-Kloster –
Ein Oberägyptischer Wallfahrtsort"

Alljährlich in der zweiten Junihälfte wird das Marien-Kloster oder Dair al-Muharraq, 60 km nördlich von Asyût, zu einer Kleinstadt. Die Mönche berichten von 70000 bis 80000 Pilgern, die auf Eseln, Kamelen, in Karren, Taxen und Lastwagen aus Ober- und Unterägypten kommen und für mehrere Tage innerhalb und außerhalb der weitläufigen Klosteranlagen kampieren. Der Anlaß für diese Völkerwanderung ist das Fest der Kirchweihe am 28. Juni. Die Verehrung der Gottesmutter ist in der koptischen Theologie und Frömmigkeit so populär, daß allein der kirchliche Kalender 32 Feste zu ihren Ehren vorschreibt. Da aber auch im Koran und in der islamischen Tradition der Mutter Jesu eine Vorrangstellung eingeräumt ist, schließen sich auch viele Musleme aus der näheren und weiteren Umgebung des Klosters dieser Pilgerfahrt an.

Girgis Habîb, einer meiner oberägyptischen Freunde, lud mich in seine Heimatstadt Minya ein, um von dort aus den *mûlid* – eigentlich Geburtstag – im Marien-Kloster mitzuerleben. „Wir können bestimmt im Kloster wohnen", meinte Girgis, „unsere Familie ist mit einigen der Mönche verwandt, die arrangieren das schon."

Am Vorabend unserer Reise nach Oberägypten suchte ich noch einmal die koptische Kirche der heiligen Sergius und Bacchus in Alt-Kairo auf, die über der Höhle errichtet wurde, in der die heilige Familie für längere Zeit Zuflucht gefunden hatte. Unsere Fahrt zum Marien-Kloster sollte nämlich gleichzeitig eine „Reise auf den Spuren der heiligen Familie" im Niltal sein, in Anlehnung an die frühchristlichen und mittelalterlichen Überlieferungen, die ich zuvor gesammelt hatte. Für viele Jahrhunderte war diese Kirche traditionelles Reiseziel der Pilger, weil an diesem Ort einst die heilige Familie, Maria, Joseph, das Christuskind und die Hebamme Salome, drei Jahre, sechs Monate und zehn Tage verweilte, bevor Joseph die Stimme des Engels vernahm, die ihn zum Aufbruch in seine Heimat veranlaßte.

Ich erzählte Abûnâ Bishâra, dem Gemeindepfarrer dieser angeblich ältesten Kirche Ägyptens, von meinem Vorhaben. „Ich beneide Sie um dieses Erlebnis. Erinnern Sie sich, wenn Sie durch unsere Baumwoll- und Zuckerrohrfelder reisen, daß Ägypten das erste Land war, das unser Heiland durch seine Anwesenheit segnete." Ich stieg in die unter dem Hauptaltar liegende Krypta, die glücklicherweise noch nicht von dem steigenden Nilwasser überschwemmt war. Die feuchtwarme und von dichten Weihrauchschwaden geschwängerte Luft, die nackte schwache Glühbirne und das von unzähligen Wachsflecken übersäte dunkelrote Samttuch auf dem steinernen Altar zeugten von einer Ärmlichkeit, die mich an das Flüchtlingselend tausender und abertausender Menschen in der Welt erinnerte. Ich dachte aber auch an die vielen Pilger aus dem Orient und Okzident, die seit 1400 Jahren hier der heiligen Familie ihre Gebete und Opfer darbrachten und erinnerte mich an die Berichte der vielen mittelalterlichen Heilig-Land-Pilger, für die ein Besuch der Krypta in der koptischen Kirche von Alt-Kairo zu den notwendigen Bedingungen für eine vollständige Pilgerfahrt gehörte. Hier hatten Venezianer und Flamen, Griechen und Syrer, Franziskaner und Jesuiten, Kopten und Äthiopier, aber auch Musleme den Segen Gottes erfleht. Votivgaben in Form von Fetzenopfern, Taschentüchern, Schlipsen und Teilen von Kleidern waren an den Rahmen des italienischen Gottesmutterbildes befestigt. Papier- und Plastikblumen lagen in der in den Stein gehauenen Nische, wo nach der Überlieferung Maria ihr Kind gebettet haben soll. „Seit den Jahren des babylonischen Exils hatten sich Juden in Ägypten angesiedelt", erklärte Abûnâ Bishâra, „und eine jüdische Gemeinde hat auch immer in der Festung Babylon, hier in Alt-Kairo, gelebt. Bei den Juden Babylons traf Joseph einige seiner Familienangehörigen, die ihn überredeten, bei ihnen zu verweilen."

Am nächsten Morgen traf ich mich mit Girgis vor der am Nilufer bei Maadi liegenden Marienkirche. Abûnâ Yûhânnâ 'Abd al-Masîh, der Gemeindepfarrer dieses historischen Gotteshauses, hatte gerade seinen Gottesdienst beendet, als er uns vor dem Kirchentor begrüßte. „Wir sind auf unserem Weg zum Marien-Kloster, dem Dair al-Muharraq, das ist der Grund unseres frühen Besuches", sagte ich. „Hier bestieg die heilige Familie das Schiff, um nach Oberägypten zu segeln", erwiderte der Priester, der diese Kirche von seinem Vater geerbt hatte, und wies auf die steinernen Stufen, die vom äußeren Kirchhof zum Nil führten. „Man erzählt, daß hier Joseph die im Neuen Testament erwähnten Geburtsgeschenke von Gold, Weihrauch und Myrrhe für die Reisekosten nach Oberägypten eingehandelt habe. Die Stufen, die Sie sehen, benutzte die heilige Familie, um sich einzuschiffen." Mein Begleiter hatte gehört, daß diese Treppe auch die Pharaonentochter hinuntergestiegen war, um im Nil zu baden, als sie ein Kästlein im Schilf sah und ihrer Magd gebot, es zu bergen. Als das Kästlein geöffnet wurde, erblickte sie ein hebräisches Knäblein, das sie Mose nannte. Abûnâ Yûhânnâ kannte die Überlieferung und bestätigte uns: „Selbstverständlich wurde an diesem Ort auch Mose gefunden. Für uns ist diese alttestamentliche Geschichte eine Weissagung für die Errettung unseres Heilands hier, der die Erfüllung des mosaischen Gesetzes ist."

Bei dieser Marienkirche, die im Mittelalter einem Nonnenkloster diente, wurde am Sonntag, dem 13. Juni 1976, eine im Nil schwimmende arabische Bibel aufgefischt. Als der Diakon die Bibel aus dem Wasser holte, erkannten die Mitglieder des Gemeinderates, die sich nach dem Gottesdienst im Kirchhof aufhielten, daß die Worte des Propheten Jesaja aufgeschlagen waren: „Gesegnet bist du, Ägypten, mein Volk" (Jes 19,25). Wenige Tage später wurde dieses Ereignis durch Anbâ Gregorius, den für wissenschaftliche Studien an der koptischen theologischen Hochschule zuständigen Bischof, bestätigt.

Mit meinem VW-Käfer fuhren wir entlang der östlichen Niluferstraße bis Helwân, wo wir den Nil auf der kürzlich fertiggestellten Brücke zum Westufer überquerten. Unser erstes Ziel waren die Filialen des Antonius- und des Paulus-Klosters in Bûsch, 120 km südlich von Kairo. Von weitem schon sahen wir die stattlichen Glockentürme, die über den hohen Palmen herausragten. Wir parkten den Wagen in dem weiträumigen Innenhof, in dem in früheren Zeiten die Kamelkarawanen zusammengestellt wurden. Der Hof war umgeben von der bischöflichen Residenz, der Antoniuskirche, von Mönchszellen und Vorratsräumen. Ein Mönch kam auf uns zu. „Abûnâ Buqtur, welche Überraschung, Sie hier wiederzusehen", sagte ich erfreut. Der junge Mönch, den ich mehrere Male im Wüstenkloster getroffen hatte, umarmte mich und legte seine Backe erst an meine rechte, dann an meine linke Backe. „Es ist schön, daß Sie uns besuchen, denn Fremde kommen sonst nie hierher."

Auf unserem Weg zu der im 19. Jahrhundert errichteten Antoniuskirche erzählte Abûnâ Buqtur von den vielen Krankenheilungen und Dämonenaustreibungen, die in dieser Kirche geschehen. Als wir das scheinbar leere Kirchenschiff betraten, vernahm ich einige mir ungewohnte Laute. „Was ist das?" fragte ich. „Selim Wassef ist Student, der kommt aus Wasta", erklärte uns der junge Mönch, „seit vier Tagen liegt er unter der Georgsikone an der nördlichen Altarwand. Er verbringt Tag und Nacht in der Kirche." Wir gingen auf den jungen Mann zu, der bereitwillig von seinem Leiden berichtete: „An meiner Krankheit ist der Teufel schuld, und so bete ich, daß der heilige Georg, der Drachentöter, mich vom Teufel befreit, der meine Arme und Beine lähmt. Letzte Nacht erschien der heilige Georg und kämpfte mit dem Teufel, und meine Schmerzen waren gelindert. Sehen Sie die Blutspuren auf meinem Hemd? Dieses Blut floß aus der Georgsikone, und ich spürte, wie es mein Hemd benetzte." Als ich diese Geschichte hörte, wurde ich an die vielen „blutenden" Heiligenikonen in den mittelalterlichen koptischen Überlieferungen erinnert, von denen die Patriarchengeschichte berichtet, wie die „blutende" Christusikone oder die „blutende" Menasikone im Makarius-Kloster.

Girgis hegte keine Zweifel, den Berichten von den wunderbaren Heilungen Glauben zu schenken. Auch mir war bewußt, daß nicht nur die intensive Heilungserwartung des jungen Mannes, sondern auch seine uneingeschränkte Identifizierung der ikonographischen Darstellung mit dem heilungspendenden Heiligen so vollkommen war, daß sein — wahrscheinlich psychogenes — Leiden tatsächlich zeitweilig gelindert werden konnte. Abûnâ Buqtur führte uns daraufhin zu der Gottesmutterikone. „In diese Kirche kommen auch schon mal junge Ehepaare, die keine Söhne haben können", erklärte uns Abûnâ Buqtur, „sie verweilen dann eine Nacht in der Kirche und Gott belohnt sie mit einem Sohn". „Und mit keiner Tochter?" fragte ich. Der Mönch lachte und verkniff sich die Antwort! Girgis war von den Worten des Priesters unangenehm berührt und schämte sich vor mir. „Das ist doch Magie", sagte er. — „Inkubationspraktiken hat es doch seit ewigen Zeiten bei vielen Völkern gegeben", versuchte ich ihm zu erklären, „im aufgeklärten westlichen Christentum sind nur diese alten Sitten und Bräuche verdrängt worden. Hier lebt der alt-ägyptische Glaube im christlichen Gewand." Zum Abschied gab uns Abûnâ Buqtur noch zwei eucharistische Brote, die vom zelebrierenden Priester für das Herrenmahl als unwürdig bewertet worden waren.

Nur 150 m von der Filiale des Antonius-Klosters entfernt liegt die bescheidenere Niederlassung des Paulus-Klosters. Wie es der Zufall wollte, trafen wir vor dem Tor zum Innenhof Abûnâ Sidarûs, einen Wüstenvater, dem ich im Paulus-Kloster schon mehrere Male begegnet war. Er hatte einen Augenarzt in Kairo aufgesucht und

Glockenturm eines Wüstenklosters

wartete in der Filiale, um mit dem monatlichen Proviant-transport ins Kloster zurückzukehren. Als wir miteinander sprachen, bückte er sich — für uns völlig unmotiviert —, sammelte einige Steine und bewarf zwei oder drei Hunde, die an uns vorbei unbekümmert ihres Weges zogen. „Warum tun Sie das?" fragte ich bestürzt, „die Hunde haben Ihnen doch nichts getan". Ich mußte unwillkürlich an unseren friedliebenden Dackel denken, als der Mönch anfing zu fluchen und die abgemagerten Kreaturen mit ihren eingezogenen Schwänzen als Satansgeschöpfe zu bezeichnen. „Gerade gestern ist ein Fellache unserer Niederlassung von einem Hund gebissen worden, und man weiß ja nie, ob das Tier tollwütig war", erzählte er uns erregt. „Wir haben daraufhin einen Gebetsgottesdienst gehalten, um den armen Kerl von Hydrophobie zu schützen." — „Und wie ging das vor sich?" fragte Girgis, der über derartige Riten seiner eigenen Kirche auch unwissend war. „Nach einigen alt- und neutestamentlichen Lesungen erzählte Abûnâ Yûhânnâ aus dem Leben des heiligen Abû Tarabû. Wir beteten einige Psalmen, und anschließend haben wir einen Kreis gebildet, uns angefaßt und sind siebenmal um den Fellachen gegangen. Dabei haben wir gebetet und Abû Tarabû um seinen Beistand angefleht. Dann steckte Abûnâ Yûhânnâ einem jeden ein Stück ungesäuertes Brot in den Mund, das wir anschließend dem Fellachen zu essen gaben."

Girgis war diese Heilungsmethode völlig unverständlich. „Und wer ist dieser Abû Tarabû?" wollte er wissen. Abûnâ Sidarûs wußte nur, daß er der Heilige sei, den man bei Hundebissen anruft. Ich versuchte ihm zu erklären, daß Abû Tarabû ein Nothelfer sei, und daß der Name wahrscheinlich eine arabische Variante des uns bekannten Wortes „Therapeut" sei. Mir war diese Heilungsmethode auch unbekannt, obwohl ich mich an einen ähnlichen Fall erinnerte. Damals schnitt der koptische Priester einige Haare vom Fell des tollwütigen Hundes, und nachdem die Bißwunde mit Alkohol eingerieben worden war, legte er die Haare auf die Wunde und zündete den Haarbüschel an.

Girgis drängte, daß Gesprächsthema zu wechseln und weiterzufahren. „Mein Vater hat mir empfohlen, auf unserem Weg in Ishnîn an-Nasâra und in Dair al-Garnûs anzuhalten", sagte er. Wir fuhren durch Beni Suef und Maghâgha, wo wir die Hauptstraße verließen. Mehrere Kilometer führte der staubige Weg durch Zuckerrohrplantagen. In Ishnîn angekommen, übernahm Girgis die Führung. Begleitet von lärmenden Kinderscharen und kläffenden Hunden, erreichten wir die Georgskirche, wo wir von einigen Dorfältesten empfangen wurden. Wenige Minuten später erschien der Priester, dem wir unser Vorhaben mitteilten. Nachdem die zeitraubenden, aber doch menschlich sehr wichtigen Begrüßungszeremonien beendet waren, bat uns Abûnâ Tâdrus ihm zu folgen. In der Nähe der Kirche war nämlich ein Brunnen. „Auf dem Weg zum Marien-Kloster rastete hier die heilige Familie, und das Christuskind segnete dieses Wasser. Wir benutzen diesen Brunnen für unsere Taufen. Aber auch bei einem Todesfall, wenn ich die Schlafstelle und das Zimmer des Verstorbenen reinige, schöpfen die Angehörigen dafür das Wasser aus diesem Brunnen. Dadurch wird dann die Seele vom Körper des Toten befreit", erklärte uns der bärtige Dorfpriester. „Nicht weit von hier, nur 7 km entfernt, liegt Dair al-Garnûs. Dort ist der Brunnen in der Kirche. Das Wasser wurde genauso wie dieser Brunnen von unserem Heiland gesegnet, als die heilige Familie da übernachtete", berichtete Abûnâ Tâdrus.

Vor der Marienkirche von Dair al-Garnûs trafen wir zwei Priester, die uns zuerst voller Stolz ihre neue farbenprächtige Altarwand zeigen wollten. Wir folgten den Dorfpfarrern in ihre Kirche. „Es ist schade", sagte ich zu Girgis, „daß eine Kirche, die eine so reiche Tradition besitzt wie die ägyptische, sich der kitschigen europäischen Bildvorlagen bedienen muß, um ihre Gotteshäuser zu schmücken." Girgis stimmte zu. Dann gingen wir zum westlichen Ende des Südschiffes, wo sich der Brunnen befand, aus dem, wie uns die beiden Priester versicherten, die heilige Familie getrunken hat. „Jährlich versammeln sich zur Wallfahrt am Marienfest im August 6000–10000 Pilger", sagte Abûnâ Barsûm, der ältere der beiden Dorfpfarrer. „Die Gläubigen, unter ihnen auch viele Musleme, kommen sogar aus Kairo, Minya und Asyût. Es ist überall bekannt, daß zur Zeit der Wallfahrt die Pilger nicht von Ungeziefer, Flöhen, Läusen und Wanzen angefallen werden, ja, die Kinder können sogar mit Skorpionen spielen. Viele Pilger kommen mit Tonkrügen, um das von der heiligen Familie gesegnete Wasser mit in ihr Heimatdorf zu nehmen." – Als ich diese Beschreibung der Begleiterscheinungen der Kirmes hörte, wurde ich an das Christuswort erinnert: „Sehet, ich habe euch Vollmacht gegeben, zu treten auf Schlangen und Skorpionen" (Lk 10,19).

Wieder auf der Hauptstraße angelangt, fuhren wir direkt nach Minya. Einige Kilometer südlich von Samalût sahen wir auf den Anhöhen am Ostufer des Nils den Glockenturm und die Kirche des in ganz Ägyptens bekannten Marien-Klosters oder Dair al-'Adhra. Ich erzählte Girgis, daß ich vor einigen Monaten diese alte Pilgerstätte besucht hatte: Von dem Dorf Bihû aus überquerte ich mit einem Segelschiff den Nil und stieg dann die 166 Stufen zur Höhe des Bergkammes hinauf. Die Gründung der Kirche, so erklärte man mir, wird der Kaiserin Helena zugeschrieben, die das Gotteshaus über einer Höhle errichten ließ, in der die heilige Familie gerastet haben soll. Der Priester zeigte mir im Kirchenschiff die Gedächtnisschrift, nach der die Kirche im Jahr 44 A. M. oder 328 n. Chr. geweiht und 1938 von Bischof Severus von Minya restauriert wurde.

Von seinem Vater hatte Girgis viele Geschichten über Wunder und Geisteraustreibung bei der alljährlichen Wallfahrt zu dieser Kirche gehört. „Diese Wunder sind für uns ein Beweis göttlicher Gnade und Zustimmung. So warten die Leute z. B. jedes Jahr voller Spannung, bis ein Schwarm von Tauben in Kreuzformation über die Kirche fliegt", fügte der junge Kopte hinzu. — Der armenische Kirchenhistoriker Abû Sâlih berichtete im 13. Jahrhundert: Als die heilige Familie an dem Gebirge vorbeisegelte, drohte ein großer Felsblock auf das Segelschiff zu stürzen, und Maria war ängstlich. Daraufhin erhob Jesus seinen Arm und drückte den Felsblock in das übrige Gestein, so daß der Abdruck seiner Hand am Felsen haften blieb.

Wir erreichten Minya zum „afternoon tea" und verbrachten einen geselligen Abend mit Girgis' Eltern und Verwandten. Die Zahl der oberägyptischen einflußreichen christlichen Großfamilien ist beschränkt, und es war interessant zu erfahren, auf welche Weise die ehemaligen Paschas und Beys wie die Buqturs, Ebeids, Hannas, Qultas, Khayatts, Ashrubis usw. miteinander verschwägert waren und welche sozialen und patriotischen Dienste sie in den letzten hundert Jahren ihrem Land erwiesen hatten.

Am nächsten Morgen ging unsere Fahrt über al-Qusia zum Marien-Kloster. Als wir durch al-Qusia fuhren, erzählte ich Girgis die Geschichte von dem unglückseligen Besuch der heiligen Familie an diesem Ort: „Zu jener Zeit existierte hier ein Tempel, auf dem ein Götzenbildnis mit sieben Schleiern stand. Als Jesus durch das Tor dieser alten Stadt kam — sie hieß früher Kis oder auch Cusae und war die Hauptstadt des 14. oberägyptischen hinteren Sykomorengaus —, da rissen die sieben Schleier auseinander und das Götzenbildnis fiel auf die Erde und zerbrach. Die bösen Geister aber, die in dem Bildnis wohnten, bedrohten die Priester und schrien laut: ‚Wenn ihr nicht diesem Weib mit dem Kind und dem alten Mann, der bei ihnen ist, und der anderen Frau, nämlich der Hebamme Salome, nachstellt und sie alle forttreibt, werden wir euren Diensten ein Ende setzen!' Als die Priester, und es waren ihrer einhundert, die Rede der bösen Geister vernahmen, machten sie sich mit Knüppeln und Äxten auf, um die heilige Familie aus ihrem Ort zu vertreiben. Daraufhin verließ die heilige Familie al—Qusia, und aus einer gewissen Entfernung von der Ortschaft drehte sich Jesus noch einmal um, verfluchte die Einwohner und sprach: ‚Mögen diese Leute einen tieferen Stand als alle anderen Menschen einnehmen, mögen sie die ärmsten und am meisten unterdrückten Bewohner Ägyptens werden, möge der Fluch auf ihrem Land und Besitz liegen, auf daß da nichts anderes wachse als Halfa und Schilf!'.“

Auf dem Weg zum Kloster drängten sich Esel und Kamele zwischen hupenden Autobussen und Taxen. Gruppen von schwarzgekleideten Frauen, die ihre Kinder auf der Schulter und auf dem Arm trugen, schlängelten sich durch das ländliche Verkehrschaos. Der Platz vor der festungsartigen Klostermauer erschien mir wie eine Mischung aus einer orientalischen Autobusgarage und einer mittelalterlichen Karawanserei. Als wir aus dem Wagen stiegen, wurden wir von einem jungen Mönch begrüßt und durch das imposante Tor in den von Pilgern überfüllten Innenhof geführt. „Wir freuen uns, Sie begrüßen zu dürfen“, sagte Abûnâ Ghobrîâl, „Ihr Besuch war uns angekündigt und unser Bischof hat für Sie zwei Zimmer in seinem Schloß serviert, die Diener bringen Ihr Gepäck nach.“

Die Pilger, hauptsächlich Frauen und Kinder, kauerten auf dem Innenhof so dicht nebeneinander, daß wir Schwierigkeiten hatten, uns durch die gaffenden und kreischenden Menschenmassen einen Weg zu bahnen. Durch ein kunstvoll geschmiedetes Eisengittertor betraten wir dann den ruhigen, mit Palmen und Apfelsinenbäumen bepflanzten Schloßgarten, in dem die weiß gestrichene zweistöckige Residenz des Bischofs lag.

Auf der Veranda empfing uns der dunkelhäutige Würdenträger, der auf mich mehr den Eindruck eines Großgrundbesitzers als eines Klosterbischofs machte. In seiner Hand trug Anbâ Bakhûm II. ein vergoldetes Handkreuz, das er uns zur Begrüßung, nämlich zum Küssen hinreichte. Girgis verbeugte sich tief und küßte den

Saum seiner seidenen Soutane. Ein Klosterdiener reichte seinem Herrn einen Fliegenwedel, den der Bischof von nun an ständig in Bewegung hielt. Ich hätte lieber auf der luftigen Veranda verweilt, aber der Gastgeber bestand darauf, uns in seinen opulenten Empfangssalon zu führen.

Ich fühlte mich in den Palast eines orientalischen Märchenfürsten versetzt. Nur 100 m entfernt hockten Zehntausende von Pilgern dicht aufeinander, und hier eröffnete sich uns eine überschwengliche Großzügigkeit. Wir betraten den halbdunklen Raum, an dessen Wänden vergoldete Stühle und Sessel mit ausgesessener Polsterung aufgereiht waren. Von der Decke hing ein großer Kronleuchter mit verstaubten Kristallprismen und fehlenden Glühbirnen. Die Wände waren geschmückt mit einem ovalen Spiegel in vergoldetem Rahmen und einer Galerie von bärtigen Bischöfen, den Vorgängern von Pachomius II. Der Klosterbischof stellte sie uns alle vor: Pachomius I., Sidarûs, Tâdrus, Daniel, Aghabius, Athanasius.

Nach einer Weile erschien Abûnâ Ghobrîâl und führte uns zur alten Marienkirche, der sancta sanctorum des Klosters. „Dies ist die erste Kirche, die in Ägypten geweiht wurde, gleich nach der Ankunft des Evangelisten Markus in unserem Land", erklärte uns der Mönch, der über die Geschichte und Überlieferungen seines Klosters gut informiert schien. „Denn als die heilige Familie hier Unterschlupf fand, sprach Jesus zu seiner Mutter: ‚Dieses Haus, in dem wir wohnen, soll heilige Mönche aufnehmen, und keine Macht auf Erden soll ihnen Unheil oder Schaden zufügen; denn dieses Haus ist uns eine Herberge gewesen. Jeder unfruchtbaren Frau, die mit einem reinen Herzen zu mir kommt und den Weg zu diesem Haus findet, will ich Söhne schenken. Außerdem soll sich hier an diesem Ort eine heilige Gemeinde zusammenfinden, die mich und meinen Namen ehrt und dadurch Kraft gegen alle Feinde und Widersacher empfängt. Die Gebete der Frauen, die sich in ihren Geburtswehen meiner und der Schmerzen erinnern, die du für mich ertrugst, will ich erhören, und ich will sie von ihren Schmerzen befreien.' Der mittelalterliche Geschichts- schreiber Abû Sâlih wußte noch zu berichten, daß die heilige Familie im Obergeschoß der Kirche gewohnt ha- be, zu dem eine Treppe führte. In diesem Zimmer war auch ein Fenster, das durch den Hauch des Jesuskindes geöffnet wurde, denn dieses Fenster war weder durch Menschenhand noch durch irgendwelche Werkzeuge zu öffnen."

Wir betraten die Kirche, die ungefähr 1,20 m unter dem Niveau des inneren Klosterhofes liegt. „Nach seiner Auferstehung", erklärte uns Abûnâ Ghobrîâl, versam- melte an diesem Ort unser Heiland seine Apostel und verteilte unter ihnen die damalige Welt. Seine Mutter, Maria Magdalena und Salome waren auch zugegen. Im 4. Jahrhundert wurde dann die Weissagung unseres Herrn erfüllt, als viele Mönche sich hier ansiedelten. Un- ser Kloster gehört zu der Klostergruppe, die von St. Pa- chomius — Anbâ Bakhûm — im oberägyptischen Niltal gegründet wurde. Über seine 1600-jährige Geschichte wissen wir kaum etwas, außer daß von den 117 kopti- schen Päpsten — vom 1. bis zum 20. Jahrhundert — nur vier aus unserem Kloster stammten."

„Über die Geschichte der anderen koptischen Klöster sind wir doch viel besser informiert", kommentierte ich. „Das stimmt natürlich", erwiderte der Mönch. „Die an- deren Klöster hatten auch nicht so viele interne Schwie- rigkeiten wie wir. Unsere Vorväter haben entweder un- sere Bücher zerstört oder sie verkauft. Die Geschichte unseres Klosters ist leider sehr tragisch. Im Mittelalter lebten hier noch viele äthiopische Mönche, denn unser Kloster war die größte Pilgerstation auf dem Weg von Äthiopien zum Heiligen Land. Heute sind nur noch zwei Äthiopier bei uns."

Während Abûnâ Ghobrîâl mich über die Geschichte des Kirchengebäudes informierte, bewunderte Girgis die Ikonen und Bilder, die an den Wänden des Kirchenschiffes und an den mit Knochen oder Elfenbein eingelegten Altar- und Chorschranken aufgehängt waren. „Und wer ist dieser einäugige Mönch?" fragte mein junger koptischer Freund. Unser Mönch erschien sichtbar erfreut, das Gespräch von der bedrückenden Klostergeschichte auf einige bedeutende Klosterväter verlagern zu können.

„Unser Kloster hat viele große Gottesmänner hervorgebracht, die aufgrund ihrer Heiligkeit geweissagt, geheilt und viele Wunder vollbracht haben. Das Bild stellt den heiligen Mîkhâîl al-Buhairî dar. Wir besitzen viele Bilder von ihm. Sein Grab ist unter dem Marmoraltar unserer Georgskirche. Aber auch der berühmte Anbâ Abrâm, der Bischof der Fajum-Oase, war viele Jahre einer unserer Mönche, bevor er 1888 Abt unseres Klosters wurde. Er ist immer noch der beliebteste aller Heiligen dieses Jahrhunderts in unserer Kirche. Er kannte die Heilige Schrift genauso auswendig, wie die Muslime ihren Koran kennen. Viele Kranke wurden von ihm geheilt, und viele Christen, aber auch Muslime, hat er von bösen Geistern befreit."

Als Abûnâ Ghobrîâl über das Leben dieses Thaumaturgen sprach, fielen ihm einige Geschichten ein: „Eines Tages berieten drei Muslime, wie sie von der bekannten Freigiebigkeit des Bischofs Abrâm profitieren könnten. Zwei von ihnen besuchten den Bischof und erklärten ihm, daß ihr Freund gestorben sei und sie Geld benötigten, ihn zu begraben. Der Bischof gab ihnen das Geld. Als die beiden zu ihrem Freund kamen, um das Geld aufzuteilen, war er tatsächlich gestorben. Daraufhin gaben sie das Geld dem Bischof zurück, der aber lediglich antwortete: ‚Das war der Wille Gottes'."

„Oder denken Sie an die Geschichte von Ahmad Yunis. Seine Eltern, natürlich Muslime, waren viele Jahre verheiratet, aber ohne Kinder. In ihrer Verzweiflung suchten sie Anbâ Abrâm auf und erzählten ihm ihr Leid. Der Bischof versprach ihnen, daß sie in einem Jahr einen Sohn haben würden, den sie Ahmad nennen sollten.

Nach einem Jahr kehrten sie zum Bischof zurück und zeigten ihm den neugeborenen Sohn."

„Viele bedeutende Heilige kamen aus unseren Reihen. Anbâ Yûhannis, Bischof von Minufiyah, war einer unserer Mönche. Als Zuhra, die Tochter unseres Vizekönigs Muhammad ʿAli (1805–1848) von einem bösen Geist besessen war, und auch die europäischen Ärzte ihr nicht helfen konnten, bat der königliche Hof unseren Papst Petrus VII. um Hilfe. Der Papst wandte sich an Anbâ Yûhannis, denn er wußte, daß ihm die Gabe der Geisteraustreibung gegeben war. Zuerst zögerte der Bischof, als aber der Papst auf seiner Entscheidung bestand, ging der Bischof zum königlichen Palast und betete über der besessenen Königstochter. Der Teufel verließ sie, und sie wurde gesund. Daraufhin fragte Muhammad ʿAli den Bischof, was er für ihn tun könne. Der Bischof hatte aber nur einen Wunsch, daß er die Kirchen bauen könne, wie er es für notwendig hielt."

Bevor wir die alte Marienkirche verließen, wies Abûnâ Ghobrîâl uns noch auf die angeblich „ohne Menschenhand" gemalte wundertätige Gottesmutterikone an der Südwand des Chores hin. Ich bedauerte diesen Hinweis, denn unter dem Bildnis waren deutlich die Namen des Malers und des Stifters zu lesen: „Astasi ar-Rûmî" oder Eustathius der Grieche. Astasi war einer der produktivsten Ikonographen der koptischen Kirche in der Mitte des 19. Jahrhunderts!

„Gehen wir zur Akropolis", sagte Abûnâ Ghobrîâl einladend. Girgis sah mich erstaunt an. „Wieso Akropolis?" „So nennen wir den *qasr*, den Wehrturm", antwortete der Mönch. – Abû Sâlih berichtete, daß dieser Turm in der ersten Hälfte des 12. Jahrhunderts ausgebessert wurde. Es besteht kein Zweifel, daß die Grundmauern aus dem 7. oder 8. Jahrhundert stammen. Wie in allen koptischen Wehrtürmen ist auch hier die Kapelle dem Erzengel Michael geweiht. Noch vor einigen Jahren wurden von dort die Gottesdienste durch Lautsprecher für die Scharen von Pilgern übertragen.

Wir bestiegen die Dachterrasse des Turmes, von wo wir einen guten Überblick auf den riesigen Friedhof hatten, der sich von der Klostermauer weit in die Wüste ausdehnt. Tausende, aus Lehmziegeln errichtete Gräber reihten sich aneinander. Einige waren weiß angestrichen und mit roten oder blauen Ornamenten oder Bibelsprüchen verziert. Zwischen und an den Gräbern beobachteten wir ein reges Leben und Treiben. Frauen trugen große Körbe auf dem Kopf, die mit Brotringen, Datteln und Süßigkeiten gefüllt waren. Im Namen der Entschlafenen verteilten sie diese Gaben an die Armen. „Für alle Ägypter ist das Gedenken an die Toten ein wesentlicher Bestandteil ihres religiösen Lebens", erklärte Abûnâ Ghobrîâl, als wir vom Turm heruntersstiegen und zum Friedhof gingen. „Freud und Leid sind bei einem *mûlid* eng miteinander verbunden", fügte Girgis hinzu.

Erschütternd waren die gefühlsvollen Gespräche trauernder junger und alter Witwen an den Gräbern ihrer Männer oder Söhne. Wir verweilten an einem Grab und hörten wie eine junge Witwe mit ihrem kürzlich verstorbenen Ehemann sprach: „Komm, komm doch heraus, siehst Du nicht meine Sehnsucht und meine Einsamkeit? Du, ich bin so allein, ich benötige Deinen Beistand!" Die meisten Frauen hatten ihre Hände und ihr Gesicht mit blauer Farbe bemalt, um ihrer Trauer Ausdruck zu verleihen. In den Händen trugen sie ein buntes seidenes Taschentuch. Neben uns lag eine Frau auf dem Boden. Sie hatte ein kleines Loch in das Grabende gestochen durch das sie mit ihrem verstorbenen Mann sprach. Ich hatte den Eindruck, daß Abûnâ Ghobrîâl uns bewußt zum Friedhof führte, um uns trotz all des Frohsinns und der Ausgelassenheit an unsere eigene Vergänglichkeit zu erinnern. „Die Nähe des Friedhofs läßt uns täglich an die Ewigkeit denken, und das ist auch der Sinn unseres mönchischen Lebens. Wir vergessen das nur immer wieder, besonders in diesem Kloster", sagte der Mönch.

Die Georgskirche, das größte Gotteshaus des Klosters, war von Fellachenfamilien mit ihren Kleinkindern bis auf den letzten Platz gefüllt. „Das sind Pilger, die zum Marienfest ihre Kinder taufen lassen. Wir haben während dieser Zeit häufig mehr als 500 Taufen an einem Tag", berichtete Ghobrîâl, der sichtbar verärgert war. „Ich wollte Ihnen unsere schöne Altarwand zeigen, aber bei diesem Gedränge . . . Qummus Salîb ließ diese Kirche bauen. Sie wurde 1888 eingeweiht. Wir benutzen sie für unsere Abendhore und für die großen kirchlichen Feste."

Wir gingen langsam auf das bischöfliche Schloß zu. Abûnâ Ghobrîâl sah auf seine Uhr: „Es ist auch Zeit, Ihr Essen steht bestimmt schon bereit." Der Mönch verabschiedete sich, und wir bedankten uns für die informative Führung. „Nach dem Essen können Sie sich ja mal das Treiben um das Kloster ansehen", waren die letzten Worte des Gastpaters.

Wir betraten den großen Speisesaal neben dem Empfangssalon. An einem Ende des langen Eßtisches war für zwei Personen gedeckt. Wir hatten uns gerade niedergelassen, und schon erschienen drei Klosterdiener, die uns gekochtes Huhn, gebratene Hackbällchen, Reis, gebackene Kartoffeln und Tomaten und grünen Salat servierten. Zum Nachtisch gab es Fruchtsalat mit Apfelsinen, Bananen und Granatäpfeln.

Girgis bestand darauf, daß wir nach dem Essen zum *mûlid* gingen. Vor der Klostermauer war Hochbetrieb. Der von Pilgerscharen belebte Kirmesplatz war in eine dichte Staubwolke gehüllt. Da waren kleine, klapprige Luftschaukeln, ein Kasperletheater, mehrere Buden, in denen Plastikspielzeug, Puppen und Papierblumen verkauft wurden. Ein Stand bot rosa Zuckerwatte an, daneben gab es Fladenbrote, gefüllt mit Bohnenbrei, und knusprige, in Öl gebackene Grünkernbällchen. Zwei tätowierte Wahrsagerinnen, die wie Hexen aus dem Märchenbuch aussahen, machten sich Konkurrenz. Ein Zauberer lockte die Kinder mit lautem Geschrei „Galla-galla" und zog lebende Kücken aus seiner Nase. Auf einem Karren wurden siruptriefende Kuchen angeboten, und dazwischen zogen die malerisch aussehenden Limonadenverkäufer mit ihren Bauchläden mit Messingkannen, Wasserkaraffen und Gläsern umher. Ein Tätowierer säuberte gerade seine feine Nadel, um einem jungen Mädchen mit blaugrünem Farbstoff ein Kreuz auf das innere Handgelenk zu tätowieren. Daneben amüsierten sich kraftprotzende Halbstarke beim „Hau den Lukas". In einer ruhigen Ecke hockten die Alten und lauschten gespannt einem orientalischen Geschichtenerzähler, der seine Kundschaft ab und zu zum Lachen brachte. Girgis war hell begeistert von diesem Trubel, ich war erleichtert, als ich wieder die Ruhe der bischöflichen Residenz erreicht hatte.

Nach dem Frühstück, das wir wiederum im großen Speisesaal einnahmen, versuchte ich einige Eindrücke des Klosterlebens mit der Kamera einzufangen. Die Mönche schienen nicht abgeneigt, sich photographieren zu lassen; im Gegenteil, einige Mönche baten mich zu warten, bis sie ihre offizielle Mönchsbekleidung angelegt hätten, nämlich den dunkelfarbigen Kaftan aus grünem, braunem oder blauem Stoff, über dem ein schwarzer talarartiger Umhang mit weiten Ärmeln getragen wird. Als Kopfbedeckung holten sie ihren weinroten Tarbusch mit blauer Tassel, um den ein schwarzes Tuch dreimal gewunden ist.

Während der Wartezeit zeigten sich Abûnâ Ishâq und Abûnâ Iskhirûn als lebhafte Gesprächspartner, die sich Gedanken über die unsittlichen Ausschreitungen bei ihrem *mûlid* machten, besonders in Bezug auf das klösterliche Leben. „Durch ernstes Streben in unserer Berufung als Diener Gottes versuchen wir Seinen Willen zu verwirklichen. Unsere Väter haben uns gelehrt, nicht zu lachen, nicht zu schwören, kein falsches Zeugnis zu geben, die Gedanken und die Sprache rein zu halten. Und hier vor unserem Klostertor, und auch innerhalb des Klosters tolerieren wir, wie sich die Menschen in Sünde baden, das ist ein grausamer Konflikt", meinte Abûnâ Iskhirûn, der erst kürzlich zum Mönch geweiht worden war. „Ich stamme aus dieser Gegend·und weiß genau, was alles bei einem *mûlid* geschieht, mir kann man keinen Sand in die Augen streuen", sagte der junge Mönch und bekräftigte damit sein Unbehagen über den *mûlid*. Abûnâ Ishâq, der schon viele Jahre seinen Dienst in der Bäckerei des Klosters versah, stimmte dem Urteil seines jungen Kollegen wohl zu, sah aber die Problematik nicht ganz so schwerwiegend. „Unsere Probleme sind nicht die Fellachen, unsere Probleme sind wir selbst. Es vergeht ja kaum ein Monat, in dem hier nicht etwas Furchtbares geschieht!"

Girgis, der von seinem Vater über die mönchische Kriminalität in diesem Kloster gehört hatte und auch durch die Tagespresse wiederholt auf die unhaltbaren Zustände im Marien-Kloster aufmerksam geworden war, fragte Abûnâ Ishâq, ob die Berichte der Wahrheit ensprächen. „Bei uns Mönchen ist es wie in der Welt: Wo viel Sonne ist, gibt es auch viel Schatten. Es stimmt schon, alle paar Jahre, 1936, 1937, 1939, 1940, 1947, 1959 hatten wir unsere Klosterrevolution, einmal gegen unseren Bischof, das andere Mal gegen den Gouverneur, dann mal gegen die Polizei oder gegen den Papst. Als wir von der Polizei belagert wurden, verteidigten wir uns." Abûnâ Iskhirûn, der diese Geschichte kannte, schüttelte den Kopf und meinte: „Sie müssen ja den Eindruck erhalten, als wären wir eine südamerikanische Bananenrepublik."

„Aufgrund der geographischen Lage Ihres Klosters am Wüstenrand des Niltals sind natürlich Ihre Probleme andere als die der Mönche in den Wüstenklöstern. Ihre Beziehungen mit der Umwelt sind doch wahrscheinlich sehr vielschichtig." Mit diesen Worten versuchte ich, das heikle Thema der innerklösterlichen Spannungen zu verlagern. Abûnâ Ishâq stimmte dem zu.

Als wir miteinander plauderten, kam Qummus Quzmân auf uns zu. „Wir freuen uns, Sie hier zu sehen", sagte dieser gebildete und in fließendem Englisch sprechende Erzpriester. „Entschuldigen Sie mich bitte, ich habe einen Termin in der Schule!" Abûnâ Iskhirûn freute sich, daß wir seinen Lehrer getroffen hatten. „Qummus Quz-mân ist ein feiner Mann. Seit vielen Jahren leitet er die Theologische Hochschule in unserem Kloster. Sein theo-logisches Wissen ist unbegrenzt. Mehrere Male war er als Kandidat für die Papstwahl vorgeschlagen, aber da er der Sohn aus der zweiten Ehe seines Vaters ist, wird er in unserer Kirche nie Bischof werden können, das ist eine Tragik."

„Wir unterhalten aber auch noch mehrere Grundschulen in den Ortschaften der unmittelbaren Umgebung unse-res Klosters. Qummus Tawdrus ist für diese pädagogi-sche Arbeit unter der Fellachen verantwortlich. Seit vie-len Jahren versuchen wir, die wirtschaftliche Not der Fel-lachen zu lindern, und mehr als ein Zehntel unseres Jah-reseinkommens ist für die Sozialarbeit bestimmt. Wir unterstützen nicht nur unsere koptischen Wohltätig-keitsvereine − von denen gibt es ja sehr viele −, sondern bei besonderen Anlässen wie Weihnachten und Ostern erhalten viele Bedürftige finanzielle Hilfe. Wir sind ein reiches Kloster, aber unser Bischof besteht darauf, daß wir als verantwortungsbewußte Haushalter diesen Reichtum unter die Armen verteilen."

Abûnâ Iskhirûn war ernsthaft bemüht, die Schattensei-ten des Klosterlebens, die Intrigen und periodischen Ge-walttätigkeiten durch das soziale und pädagogische Wir-ken der Mönche abzuschwächen. „Fast alle unsere Mön-che sind Fellachen und stammen aus dieser Gegend, und die Blutrache ist bis auf den heutigen Tag in den Dör-fern, gerade hier am Wüstenrand, noch weit verbreitet. Das entschuldigt zwar nicht unsere Vergehen, aber viel-leicht erklärt es doch etwas das Verhalten einiger Mön-che."

Der junge Mönch dachte an Qummus 'Abd al-Qaddûs Armanîûs, bei dem nach seiner Ermordung ein Vermö-gen von 35000 ägyptischen Pfunden in seiner Zelle ent-deckt wurde, das er durch den Verkauf von Amuletten und durch Magie erworben hatte. Er erinnerte sich an seinen Freund Qummus Farag Mikhâîl, der für die Mas-

sentaufen beim *mûlid* die Verantwortung trug und mit
vielen Stichwunden tot in seiner Zelle aufgefunden wurde. „Das Räuber- und Banditentum ist hier so alt wie unsere Geschichte", fügte Iskhirûn hinzu und erzählte in allen Einzelheiten, was der heiligen Familie in dieser Gegend widerfahren war:

„Als Maria und das Christuskind an diesen Wüstenrand
kamen, was geschah? Zwei Banditen, die den Flüchtlin-
gen von Ort zu Ort gefolgt waren, überfielen sie hier. Die
Räuber zogen ihre Dolche aus den Scheiden, und mit gezogenen Messern und verhüllten Gesichtern sprachen sie
zu ihnen: ,Jetzt werden wir eure Gewänder ausziehen
und euch ausplündern!' Und sie rissen Jesus aus den Armen seiner Mutter und zogen ihm seine Gewänder aus.
Sie nahmen die Kleider der Maria und schreckten nicht
zurück, ihr den Schleier zu entreißen. Dann stahlen sie
Josephs Gewänder, der sprachlos wie ein Lamm dabei
stand. Als Salome merkte, was gespielt wurde, nahm sie
ihre Gewänder und warf sie den Räubern vor die Füße,
bevor sie zu ihr kamen. Nachdem die Räuber sich der
Gewänder bemächtigt hatten, zogen sie davon, und Maria, die nicht wenig verstört war, sprach zu sich: ,Wer
weiß, vielleicht werden sie zurückkehren und meinen
Sohn töten. Ich wünschte, ich wäre in Bethlehem, denn
da hätten sie den alten Joseph wiedererkannt, der sie
hätte bitten können, meinen Sohn nicht zu töten. Was
würde ich geben, wenn sie mich anstelle meines Sohnes
töteten, so daß ich nicht Zeuge seines Leides sein müß-
te!' Als Maria diese Worte zu sich sprach und klagte und
weinte, liefen Tränen über ihre Wangen. Einer der Räuber, der Maria klagen und weinen sah, ging in sich und
sprach zu seinem Begleiter, der ein syrischer Jude war:
,Mein Freund, ich flehe dich an diesem Tage an, die Gewänder dieser Fremden nicht zu stehlen, denn aus ihren
Gesichtern scheint ein helleres Licht als das aus den Gesichtern aller anderen Menschen. Und dieses Kind erscheint mir wie ein Prinz, so wie ich noch nie einen gesehen habe.' Da antwortete der syrische Räuber: ,Gerade

88

diese Gewänder möchte ich haben, es sind königliche Gewänder, die uns viel Reichtum und Wohlstand bringen werden.' Da bat der ägyptische Räuber, daß ihm sein Anteil der Gewänder gegeben werde, denn er war um die Nacktheit der heiligen Familie besorgt, und er gab ihnen seinen Anteil zurück. Als Jesus seine Gewänder wieder angezogen hatte, segnete er ihn mit dem Zeichen des Kreuzes und sprach zu seiner Mutter: ‚Maria, die Juden werden mich in Jerusalem kreuzigen. Und diese beiden Räuber, die du hier siehst, werden mit mir gekreuzigt werden, einer zu meiner rechten, einer zu meiner linken Seite. Der Ägypter wird auf meiner rechten Seite gekreuzigt werden, der Syrer auf meiner linken, und der Räuber, der unsere Gewänder zurückgegeben hat, der wird mich bekennen und am Kreuz an mich glauben, und er wird der erste im Paradies sein, sogar vor Adam und seinen Nachkommen'."

Während Abûnâ Iskhirûn uns die Geschichte von dem Überfall auf die heilige Familie erzählte, erschienen die drei Mönche, die inzwischen für das Photographieren ihre offizielle mönchische Bekleidung angelegt hatten. Wir erfüllten die photographischen Wünsche der Väter, die uns ihre Namen gaben mit der Bitte, ihnen Abzüge zu schicken.

Aus dem von Menschenmassen überfüllten Innenhof hörten wir ein schrilles Lallen unzähliger Frauen, das sowohl Ausdruck der Freude, als auch des Leides sein kann. „Und was ist da los?" fragte ich Abûnâ Ishâq. Der Mönch gab mir keine Antwort und murmelte vor sich hin: „Fellachen". Girgis bestand darauf, der Sache nachzugehen. „Das sieht aus wie ein Unglücksfall mit den vielen Menschen, die um die auf dem Boden liegende Frau herumstehen", sagte ich.

Wir drängten uns durch eine Gruppe hysterisch kreischender Fellachenfrauen und sahen, wie sich ein Mönch vor einer auf dem Boden liegenden jungen Frau niedergekniet hatte und wiederholt in ihr Ohr schrie: „Was ist dein Name?" – Der Körper der Besessenen war mit einem weißen Leinentuch bedeckt. Über ihrem bleichen Gesicht lagen ihre langen zerzausten Haare, aus ihrem Mund schäumte Speichel. „Was ist dein Name?" schrie der Mönch die Frau an und hielt sein silbernes Handkreuz vor ihr verängstigtes Gesicht. Einige der dabeistehenden Frauen meinten „Kaiser, Muhammed, Satan" vernommen zu haben. Die Frau versuchte mehrere Male sich aufzusetzen, aber der Mönch beharrte darauf, den Namen des Dämonen zu erfahren, bis er die Worte hörte, auf die alle Anwesenden gewartet hatten: „Hassan 'Ali, Hassan 'Ali". „Im Namen Jesu, verstumme, Hassan 'Ali, und fahre aus ihr, verstumme, Hassan 'Ali, fahre aus!" schrie der Mönch und legte sein Handkreuz auf die Stirn der Besessenen. Am Fußende drückte eine ältere Frau Blut aus einer kleinen Schnittwunde in der großen Zehe und beschmierte damit das weiße Leinentuch. Abûnâ Iskhirûn erklärte mir, daß der Dämon durch die Schnittwunde in der großen Zehe entwichen sei. „Das wird getan, um die Augen, den Mund und die Ohren zu schützen, durch die der Dämon sonst ausfahren würde", fügte er hinzu. Das enthusiastische Geschrei und das freudige Lallen der Menschenmassen, die Zeugen dieser Dämonenaustreibung waren, wurde immer heftiger. Mich stimmte das Erlebte doch nachdenklich. „Für Psychiater haben diese armen Leute kein Geld, außerdem gibt es hier keine Psychiater", meinte Girgis, der versuchte, mir gegenüber diese Heilungsmethode zu rechtfertigen.

Den Nachmittag verbrachte ich mit Abûnâ Luqa in der wohlgeordneten Klosterbibliothek. Welch Überraschung! Zwischen den dogmatischen und liturgischen Texten fand ich Charles Dickens' „David Copperfield", Homers „Odyssee", Stevensons „Dr. Jekyll and Mr. Hyde" und zu meinem großen Erstaunen Conan Doyles „Modern Detective Stories"!
Die vielen unterschiedlichen und auch gegensätzlichen Eindrücke eines Klosteraufenthaltes beschäftigten mich

noch viele Tage. Ich dachte an die Worte des mittelalterlichen koptischen Theologen Ibn al-'Assal, der die Mönche als „die Engel Gottes, die auf Erden wandern", bezeichnete. Aber auch unter den Engeln gibt es ja jene, die den Versuchungen des täglichen Lebens unterliegen und auch jene, die fallen.

DAIR ANBÂ SAMWÎL

„Im Samuel-Kloster — Bei den Ärmsten der Armen"

Um die Jahrhundertwende war für viele wohlhabende lungen- und rheumaleidende Europäer Helwân mit seinem trockenen Wüstenklima und schwefelhaltigen Quellen in den Wintermonaten ein alljährlicher Zufluchtsort. Jedoch nach dem zweiten Weltkrieg änderte sich das Bild grundlegend. In Helwân, 22 km südlich von Kairo, entstand das von deutschen Industriekonzernen errichtete größte Eisen- und Stahlwerk Nordafrikas. Somit wurde aus einem kleinen verschlagenen Kurort mit seinen idyllischen Gärten und eleganten Hotels ein orientalischer Schwerindustriekomplex mit riesigen Fabrikanlagen und Mietskasernen. In der Ismail-Kamal-Straße, eine der ruhigen Seitenstraßen des alten Helwâns, liegt die ehemalige Winterresidenz einer ägyptischen Prinzessin aus der Khedivendynastie der Tawfiks. In den fünfziger Jahren erwarb eine Gruppe koptischer Laien dieses Grundstück, um hier ein Zentrum für ihre geistlichen und reformerischen Bestrebungen zu haben. Sie nannten ihr Haus „Bet at-takrîs li hidmat al-kirâzah" d. h. „Haus der Gemeinschaft für den Dienst an der Kirche". Das Ziel von Abûnâ Mattâ al-Maskîn, dem Gründer und geistlichen Vater dieser zölibatären Gruppe, war eine dem spirituellen Leben gewidmete Laienschar, die durch Gebet und Lebensstil Zeugnis für die Kirche in der modernen Industriegesellschaft ablegt.
Ich hatte häufig Gelegenheit mit Mitgliedern dieser Gemeinschaft über ihre Motive und Anliegen zu sprechen. „Unsere Vorbilder sind unsere Wüstenväter", erklärte mir Dr. Noshy 'Abd al-Shahîd, ein junger Arzt und Theologe, der als geistlicher Mentor dem Haus vorstand. „Nur die Qualität der Wüste hat sich verändert. Das Dämonische hat sich aus der menschenbedrohenden Wüste in die menschenbedrohenden modernen Industriekomplexe verlagert. Wir versuchen hier in dieser neuen Si-

tuation als Mönche zu leben. Unsere geistliche Hilfe erhalten wir von den Wüstenvätern, die das Samuel-Kloster bewohnen, sie beten für uns."

„Im koptischen Patriarchat hatte ich schon über die Mönche dieses Klosters gehört, aber man hat mir nie Mut gemacht, das Kloster zu besuchen", erwiderte ich. „Das ist mir völlig verständlich. Die Geschichte des Samuel-Klosters, besonders in den letzten 60 oder 70 Jahren seit seiner Wiederbesetzung durch Abûnâ Ishâq al-Baramûsî 1896, ist geprägt durch Mönche, die aus Protest entweder gegen den Mangel an klösterlicher Disziplin oder gegen die Verweltlichung der Kirche ihre Klöster verließen. Das erklärt doch, daß Sie für Ihren geplanten Besuch im Samuel-Kloster vom Patriarchat keine Unterstützung erwarten sollten. Aber falls Sie das Kloster dennoch besuchen wollen, wird mein Freund Dr. Tâdrus Girgis — er ist Ingenieur und kommt aus Oberägypten — Sie gern begleiten", erklärte mir Dr. Noshy. Erfreut nahm ich das Angebot an und eine Woche später war ich mit Dr. Tâdrus im Kairoer Hauptbahnhof Bab al-Hadîd verabredet.

Wir lösten zwei Eilzugkarten nach Maghâgha und drei Stunden später standen wir auf dem Bahnsteig dieser oberägyptischen Baumwollmetropole. „Wir müssen sehen, daß wir einen Jeep und einen Fahrer bekommen, der den Weg zum Kloster kennt, sonst hat das gar keinen Zweck", meinte Dr. Tâdrus, „ich kenne diesen Weg nicht, denn das letzte Mal bin ich von der Oase Fajum mit einer Kamelkarawane zum Kloster geritten, das sind nur 32 Wüstenkilometer, und das ist auch der Weg, den die Mönche bevorzugen. Wir haben von hier mindestens 50 km Wüstenfahrt vor uns." Vor dem Bahnhof standen mehrere Pferdekutschen und Taxen. Dr. Tâdrus ließ sich von den heftig gestikulierenden Taxichauffeuren beraten. „Ich schlage folgendes vor", riet mir mein Begleiter, „wir nehmen hier eine Taxe für unsere Fahrt durch das Niltal bis an den Wüstenrand, und in Tibinât, einem kleinen Dorf direkt an der Wüste, soll es einen Jeep geben."

Wir luden unser Gepäck auf das Dach eines alten „Model T" Ford. In wenigen Minuten war das Gefährt abfahrtbereit. Dr. Tâdrus und ich saßen neben dem Fahrer, auf dem Rücksitz drängten sich sechs Fellachen, drei Jugendliche standen auf der hinteren Stoßstange und auf den beiden Kotflügeln saß je ein Mitfahrer. Hupend fuhren wir erst durch die engen Gassen von Maghâgha, dann auf einem Feldweg durch Zuckerrohr- und Baumwollplantagen. Wir hinterließen eine dichte Staubwolke, in die auf Eseln reitende Fellachen, Ziegen, Wasserbüffel und Kamele erbarmungslos eingehüllt wurden. Bei dem Dorf al-'Iduah stießen wir auf einen Kanal. „Dies ist der Bahr-Yusuf-Kanal, der nach Joseph, dem Kanzler des Pharao, benannt wurde", belehrte mich mein koptischer Freund. Wir überquerten den Kanal auf einer Kettenfähre. Nach einer halben Stunde Fahrt durch Dörfer und Felder erblickte ich den Wüstenrand. „Eigenartig", fragte ich Dr. Tâdrus, „alle Fellachen laufen hier mit schweren Knüppeln herum, was bedeutet das?" „Wir sind in einer der wenigen Gegenden in der noch die Blutrache gang und gäbe ist, und nicht einmal die Polizei traut sich hier einzuschreiten. So sorgt jeder für seine eigene Haut."
Der Taxifahrer setzte uns vor dem bescheidenen Verwaltungsgebäude einer landwirtschaftlichen Genossenschaft ab. „Fragen Sie nach Samwîl, der kennt sich in der Wüste aus", waren die letzten Worte des Fahrers. Ein Polizist kam auf uns zu und erkundigte sich nach unserem Vorhaben. „Kennen Sie einen Samwîl?" fragte ich. „Samwîl, welchen Samwîl? Jeder Zweite heißt hier Samwîl", war die Antwort. Dr. Tâdrus erklärte mir, daß viele junge Familien den beschwerlichen Weg durch die Wüste zum Kloster unternehmen in der Hoffnung, daß ihnen vom heiligen Samuel ein Knabe geschenkt wird. Wenn sich diese Hoffnung erfüllt, nennen sie ihn aus Dankbarkeit Samwîl; denn auch der heilige Samuel war ein Gottesgeschenk. Seine Eltern waren für viele Jahre kinderlos gewesen, und als Gott ihnen einen Sohn gab,

nannten sie ihn Samuel. Und diese Geschichte ist vielen Fellachen bekannt.

Wir warteten einige Minuten bis der richtige Samwîl erschien. „Können Sie uns zum Samuel-Kloster fahren?" fragten wir. „Das ist nicht nur ein weiter, sondern auch ein gefährlicher Weg, allein fahre ich nicht. Da draußen lebt es, Geister, Dämonen, Satan − wenn der Yustus mitfährt, dann können wir darüber sprechen, aber ich muß erst den Chef fragen, und auch die Polizei."

Nachdem die Genehmigungen eingebracht und auch der Preis nach langem Hin und Her ausgehandelt waren, bestiegen wir den Jeep. Wir fuhren quer durch die sandige Wüste, vorbei an mehreren Anhöhen. Samwîl kannte die Namen: „Das ist der Gebel Abû Tartûr und links vor uns ist der Gebel al-Harith." Samwîl redete die meiste Zeit vor sich hin und ich wußte nicht, ob er Gottes Hilfe gegen die bösen Wüstengeister oder für seinen klapprigen und ächzenden Motor erflehte. Zu unserer Rechten erhoben sich die Berge von Qalamûn, und Samwîl stieß ein Dankgebet aus. Vor uns waren die Umrisse eines in der Wüste liegenden Kastens zu sehen. „Das ist das Samuel-Kloster."

Die letzten hundert Meter fuhren wir über Tonscherben und Geröll bis Samwîl den Jeep vor dem Klostereingang zum Stehen brachte. Zwei junge Mönche erschienen am Tor, hießen uns willkommen und führten uns zur zweiten Etage des Wehrturms, wo wir uns in einem der beiden Gästezimmer niederließen. Dr. Tâdrus erkundigte sich nach dem Wohlbefinden der Mönche. Abûnâ Mînâ versorgte uns mit Tee und Wasser. Inzwischen war Abûnâ Mattâ al Maskîn von dem nahegelegenen Steinbruch gekommen. Wir verneigten uns vor ihm. Dr. Tâdrus küßte ihm erst die Hand, dann umarmten sie sich. „Schön, daß Sie gut angekommen sind! Welchen Weg haben Sie benutzt?" wollte Abûnâ Mattâ wissen. „Sie können hier schlafen, Samwîl und Yustus schlafen nebenan, solange es noch hell ist, gehen wir mal durch das Kloster."

Vom Dache des Wehrturms hatten wir eine herrliche

Aussicht auf die Weite der Wüste. Zu unserer Linken sahen wir die Berge von Qalamûn. „Gleich unter dem Gipfel liegt die Höhle unseres Vaters Samuel, wenn Sie Interesse haben, können Sie morgen oder übermorgen den Berg besteigen. Hoch ist es nicht, aber es ist weicher Sand, ein Schritt vor, zwei zurück", erläuterte Abûnâ Mattâ leicht lächelnd. Neben den Gästezimmern befand sich der Eingang zu der neuen Samuelkirche. An der Nordwand stand ein einfacher Reliquienschrein mit zwei hölzernen Röhren, die in bestickten rosafarbigen Seidentüchern eingeschlagen waren. „Dies sind die leiblichen Überreste unserer Möchsväter, Samuels und seines Schülers Justus." Inzwischen hatte sich Abûnâ Mîna wieder eingefunden und belehrte uns in allen Einzelheiten über das Leben des heiligen Samuel.
„Samuel war nicht der Gründer dieses Klosters, denn das mönchische Leben in dieser Gegend können wir bis zum Ende des 3. Jahrhunderts zurückverfolgen. Dieses hier war eines der vielen Fajum-Klöster. Es ist sogar gut möglich, daß der heilige Antonius bei seinen Besuchen in den Klöstern im Fajum — wie uns der heilige Athanasius berichtet — auch dieses Kloster besuchte. Nachdem im 7. Jahrhundert diese Stätte durch die Perser zerstört worden war, baute der heilige Samuel das Kloster wieder auf. Verfolgt, in Ketten gelegt und geschlagen, erlitt er um seines Glaubens willen viele Schmähungen und Schmerzen. Auf wundersame Weise heilte er jedoch die Frau seines Verfolgers und dafür schenkte man ihm die Freiheit. So lebte er noch 57 Jahre in dieser Wüste. Seine leiblichen Überreste wurden vor ungefähr 50 Jahren von Abûnâ Ishâq in einem ausgehölten Palmenstamm aufgefunden, der unter dem Alabasteraltar der alten Misael-Kirche versteckt war." „Misael?" flüsterte ich Dr. Tâdrus fragend zu: „In Ihrer Bibel wird er Meschach genannt, er ist einer der drei Jünglinge im Feuerofen zur Zeit des Königs Nebukadnezar (Dan 3)." „Oh, nein", sagte Abûnâ Mîna, der die Erklärung von Dr. Tâdrus hörte. „Dieser Misael lebte im 8. Jahrhundert. Mit Hilfe

anderer Einsiedler verhinderte er die Einnahme des Klosters durch Regierungstruppen, die zur Zeit der Hungersnot unser Kloster überfallen wollten. Ihm zu Ehren wurde diese Kirche — es ist der älteste Teil des Klosters — Misaelskirche genannt."

Wir stiegen in einen unterirdischen dunklen Raum, der nicht größer als 3 x 6 m war. Eine 1.25 m hohe Marmorsäule schien der einzige Überrest der alten Kirche zu sein. Als wir im Klostergarten Abûnâ Mattâ wieder begegneten, zeigte er uns mit einer gewissen Bescheidenheit die neue Marienkirche mit ihren neun Kuppeln.

„An dieser Kirche arbeiten wir seit einiger Zeit. Sie ist zwar nicht so erhaben wie ihre mittelalterliche Vorgängerin, aber unser Kloster ist ja auch nicht so groß. Bedenken Sie, Abû Sâlih berichtete im 13. Jahrhundert, daß dieses Kloster zwölf Kirchen, vier Wehrtürme und 130 Mönche hatte, und der bekannte arabische Schriftsteller des 13. Jahrhunderts, Yaqût ar-Rumî, konnte schreiben: ‚das Qalamûn-Kloster in Ägypten ist allen Leuten bekannt'. Die Zeiten sind nun einmal vorbei. Schon im 15. Jahrhundert erwähnt al-Maqrizi nur noch zwei Wehrtürme, den Palmengarten und die beiden Quellen."

„Wurde dieses Kloster denn nicht von den europäischen Reisenden aufgesucht, die uns so viel über die übrigen Wüstenklöster berichteten?" fragte ich Abûnâ Mînâ.

„Nein, dieses Kloster war über 300 Jahre verwaist und die Geographen und Geologen des 19. Jahrhunderts, die die Wasservorkommen in dieser Gegend studierten, sahen lediglich einige Ruinen. Besiedelt wurde das Kloster erst wieder durch Abûnâ Ishâq um die Jahrhundertwende, als er sich mit einer Gruppe von Mönchen aus dem Baramûs-Kloster in die Wüste zurückzog. Er hatte Schwierigkeiten mit Papst Kyril V. Natürlich werden wir hin und wieder besucht, Fellachen kommen aus dem Niltal, Beduinen ziehen hier vorbei. Ich weiß aber nur von drei oder vier Europäern, die in den letzten 50 Jahren hier waren", war die Auskunft von Abûnâ Mînâ.

Ich erinnerte mich an die Beschreibung des Sachsenherzogs Johann Georg, der 1930 das Kloster besuchte. Seinerzeit lebte noch Abûnâ Ishâq mit sieben Mönchen im
Kloster, die ihm als die Ärmsten erschienen, und R.
Strothmann schrieb 1932: „Dair Samuel ist das dürftigste
von allen Klöstern und amtlich kaum anerkannt." Als
der Franziskanerpater Gabriele Giamberardini dann
1955 das Kloster aufsuchte — er kam auch über
Maghâgha — hatte sich die Zahl der Mönche verdoppelt.
Es war für Dr. Tâdrus und für mich ein ereignisreicher
Tag, und so beschlossen wir, bei Dunkelwerden uns zu-
rückzuziehen. Auf unserem Weg zum Gästezimmer im
Wehrturm kam uns ein äthiopischer Mönch entgegen,
der sich nicht nur durch seine dunkle Hautfarbe, sondern
auch durch seinen spärlichen Bart von den übrigen Vätern unterschied. Abûnâ Rufâîl, wie er sich uns vorstell-
te, lebte seit 36 Jahren im Samuel-Kloster und gehörte
somit zur „alten Garde". „Haben Sie Abûnâ Bûlus schon
besucht?" fragte er uns. Als wir das verneinten, schien er
verwundert. „Vergessen Sie das bitte nicht, er ist blind
und mit seinen 108 Jahren verläßt er seine Zelle nur noch
selten. Er ist der einzige Mönch, der sich an Abûnâ Ishâq
erinnert, der vor 60 Jahren dieses Kloster wieder besie-
delte und aufbaute."
Um 3.30 Uhr morgens läutete die Kirchenglocke und eine halbe Stunde später versammelten sich die Wüstenväter in der „neuen" Kirche zur Morgenhore, der sich die
eucharistische Feier anschloß. Der Gottesdienst zog sich
über mehrere Stunden hin, einige Teile der Liturgie wurden koptisch gelesen, die übrige Liturgie in arabischer
Sprache. Zum Frühstück brachte Abûnâ Mînâ, der als
Gastpater fungierte, zwei Blechschüsseln mit *fûl*, einem
Brei aus dicken Bohnen, zwei Fladenbrote mit Ziegen-
käse und einer Zwiebel und zwei Gläser Tee. „Das sollte
erstmal reichen", meinte Dr. Tâdrus, „wir wollen ja
noch zur Samuelhöhle." Samwîl, unser Fahrer, war gerade aus seinem Bett gekrochen, als wir ihm von unserem
Vorhaben erzählten. „Bis an den Fuß des Berges kann

Marienkirche, Samuel-Kloster

ich Sie fahren." Abûnâ Mînâ bot sich an, uns zu begleiten. „Ich kenne den Weg, denn wir waren vor geraumer
Zeit mit einigen Mönchen oben."
Eine Stunde später fanden wir uns am Fuß des Gebel al-
Qalamûn wieder. „Hier gibt es keine Wege", meinte
Abûnâ Mînâ trocken. Ich löste meine Bergsteigeschwie-
rigkeiten, indem ich auf allen Vieren zur Höhle kroch,
und war somit der erste, der das Ziel erreichte. Von dem
kleinen Plateau vor der Höhle hatte ich einen herrlichen
Ausblick auf Wüste und Kloster. Ein 30 m langer Gang
führte zu einem Wasserreservoir im Berginneren. An
den Wänden entdeckte ich weder arabische Graffiti noch
Kreuze. Abûnâ Mînâ meinte: „Es ist schade, wir können
hier keinen Altar hinstellen oder Ikonen anbringen;
denn die Beduinen benutzen die Höhle als Unterschlupf.
Sehen Sie die Eselsknochen und das Stroh? Ein klarer
Beweis, daß die Höhle ab und zu bewohnt wird." Am
Höhleneingang zeigte ich Dr. Tâdrus eine kleine Stelle,
die eindeutig zweimal verputzt war. Abûnâ Mînâ kannte
die Gipsreste: „Unsere Überlieferung berichtet, daß der
heilige Samuel seine letzten Lebensjahre in dieser Höhle
verbracht hat. Als das Kloster wieder besiedelt wurde,
lebte Abûnâ Yûhânnâ hier, und von Abûnâ Bûlus habe
ich erfahren, daß auch Abûnâ Ishâq für längere Zeit in
der Höhle wohnte."
Als wir von unserem Ausflug zum Kloster zurückgekehrt
waren, erwartete uns Abûnâ Mattâ. Zusammen mit
sechs jungen Akademikern hatte er seit einigen Jahren
das Syrer-Kloster im Wâdî 'n-Natrûn verlassen, um in
der Einsamkeit der Wüste von Qalamûn dem Vorbild
der alten Wüstenväter zu folgen. „Ich war Apotheker in
Damanhûr im Nildelta", erklärte mir Abûnâ Mattâ, „als
ich einen Ruf zum asketischen Leben vernahm und in das
Samuel-Kloster eintrat. Von hier ging ich in das Syrer-
Kloster; aber da hielt ich es nicht aus, und so zog ich mich
für drei Jahre in eine Höhle, ungefähr 3 km vom Syrer-
Kloster entfernt, zurück. Da fand ich den Frieden; einmal wöchentlich empfing ich die Eucharistie im Kloster

und holte Brot und Wasser. Anschließend diente ich für einige Jahre in Alexandrien als Vikar des Patriarchen und konnte viele junge Leute für das Klosterleben begeistern. Mit einer Gruppe von zehn Mönchen kehrte ich dann in das Samuel-Kloster zurück, wo wir jetzt versuchen, abgeschieden von der Welt wie unsere Vorväter zu leben." Die beiden jungen Väter Kyril und Ishaiâ hatten sich zu uns gesellt und mit wenigen Worten drückten sie ihr Lebensideal aus, das sie zu verwirklichen hofften: „Hier sind wir arm, arm wie unsere Väter. Wir besitzen keine Bücher, denn unsere Bücher sind in unsere Herzen geschrieben; wo der Geist Gottes weht, sind Bücher überflüssig. Unser Vorbild sind unsere Väter, die mit und in Gott leben, und darum bin ich hier, um mit Gott und ihm allein zu leben und in ihm zu sterben."

DAIR MÂRÎ MÎNÂ

„Im Menas-Kloster — Wiedererwachte Ruinen"

Für die Mehrzahl der Ägypter war Sonntag, der 19. April 1959, ein Tag wie jeder andere. Für die koptische Minderheit war es einer der entscheidendsten Tage in ihrer fast 2000jährigen Geschichte. Zwei Tage zuvor waren die Namen von fünf Kandidaten für den päpstlichen Stuhl den 468 Delegierten bekanntgegeben worden, von denen sie nun drei zu wählen hatten. Durch die Wahl entfielen auf Qummus Damîân al-Muharraqî 323 Stimmen, auf Qummus Angelus al-Muharraqî 316 Stimmen und auf Qummus Mînâ al-Muttawahad al-Barâmûsî 280 Stimmen. Am Sonntag sollte dann nach apostolischem Brauch (Apg 1,26) das Altarlos in der Markus-Kathedrale zu Kairo gezogen werden. Die Namen der drei Kandidaten wurden sorgfältig mit indischer Tinte auf drei Zettel geschrieben, die in Anwesenheit von Dr. Ramzi Stino, dem einzigen christlichen Minister im Kabinett, in einem Umschlag auf den Altar gelegt wurden. Um 10.20 Uhr wurde Rafiq Bassili al-Tukhî, ein fünfjähriger Diakon, zum Altar geführt, um das Los zu ziehen. Der Wille Gottes sollte durch die Hand eines Kindes entschieden werden. Der in festlichen liturgischen Gewändern gekleidete Knabe überreichte den von ihm gezogenen Zettel dem rangältesten Erzbischof Athanasius von Beni Suef, der unter dem Läuten der Kirchenglocken und dem ekstatischen Jubel der Anwesenden den Namen des Gewählten verkündete: „Qummus Mînâ al-Muttawahad al-Barâmûsî, der 116. Nachfolger des Evangelisten Markus, Papst und Patriarch von Alexandrien und ganz Ägypten, unserer Gottesstadt Jerusalem, von Nubien, Äthiopien, der Pentapolis und allen Ländern der Predigt des heiligen Markus." Als der Name des neuen Papstes den Gläubigen verkündet wurde, riefen alle: „Das ist ein Gottesurteil. Der Letzte soll der Erste, und der Erste soll der Letzte sein!" In Erinnerung an den großen alexandrinischen Kirchenvater Kyril und Kyril IV., den Reformator des 19. Jahrhunderts, entschloß sich der neugewählte Papst für den Namen Kyril VI.

In westlichen kirchlichen Kreisen weithin unbemerkt, hat mit der Papstwahl von Kyril VI. für die koptische Kirche eine entscheidende Erneuerung begonnen, die in allen kirchlichen Bereichen in kürzester Zeit erkennbar wurde. Schon sechs Wochen nach seiner Einführung entließ Kyril VI. die Kirche Äthiopiens in ihre Selbständigkeit und weihte einen äthiopischen Patriarchen. 1961 eröffnete er die neue koptische theologische Fakultät. Seine ökumenischen Bestrebungen für ein brüderliches Verhältnis mit der katholischen Kirche und dem Ökumenischen Rat der Kirchen spiegelten sich bei den Einweihungsfeierlichkeiten der neuen Markus-Kathedrale in Kairo im Mai 1968 wider, an der mehr als 150 Delegierte der großen christlichen Kirchen aus 80 Ländern teilnahmen.

Als erfahrener Wüstenvater erkannte Kyril VI., daß die Wiederbelebung seiner Kirche nur durch eine grundlegende Erneuerung des koptischen Mönchtums geschehen könnte, und so wandte er viel Zeit und Energie auf, um das geistliche Leben in den acht Klöstern zu vertiefen. Sieben Monate nach seiner Wahl konnte er einen seiner langjährigen Träume verwirklichen. Erstmals seit über 1000 Jahren wurde der Grundstein für ein neues Wüstenkloster gelegt. War es Zufall, daß er, der ehemalige Mönch Menas, die Mareotiswüste, südwestlich von Alexandrien, mit den unzähligen Ruinen ihres historischen Menas-Heiligtums als den Ort für das neue Menas-Kloster wählte?

Ich hatte mich mit meinem Freund Demetri, einem griechischen Kunsthistoriker aus Kairo, verabredet, um an der Grundsteinlegung des neunten koptischen Klosters teilzunehmen. Demetri war zuerst nur bedingt interessiert; denn sowohl die Verehrung des heiligen Menas als auch die Besitzansprüche des frühchristlichen Menas-Heiligtums in der Mareotiswüste gaben immer wieder

Anlaß zu unterschwelligen Spannungen zwischen Kopten und den in Ägypten ansässigen Griechen. „Ich bin schon interessiert zu sehen, was die Kopten mit unserem heiligen Menas machen", erklärte Demetri. „Du weißt, gerade wir Ägypten-Griechen sehen in ihm unseren Beschützer. Als unsere Soldaten gemeinsam mit den Engländern unter Marshall Montgomery im Oktober 1942 bei Alamain gegen Rommels Afrika-Korps kämpften, erschien der heilige Menas über der Wüste von Mareotis und bot unseren Truppen seinen Beistand an. Damals, am 10. November 1942, lautete die Schlagzeile in der *Egyptian Gazette* auch dementsprechend ‚Menas gegen Rommel! In der ersten Runde siegte der ägyptische Heilige!' „Unser griechischer Patriarch von Alexandrien, Christophorus II., hielt aus diesem Anlaß einen besonderen Dankgottesdienst."

Am Freitag, den 27. November 1959, erreichten wir kurz vor 8 Uhr morgens das ausgedehnte Grabungsfeld von Abû Mînâ, wo vor einem halben Jahrhundert der deutsche Archäologe Monsignore Carl Kaufmann durch einen Zufall die frühchristliche Pilgerstätte wiederentdeckte. Zahlreiche Wagenkolonnen mit Metropoliten, Bischöfen, Priestern, Mönchen, Pilgern und ägyptischen und ausländischen Korrespondenten schlängelten sich auf der 25 km langen feuchten Wüstenpiste, vorbei an dem Grab des Beduinenscheichs Mahmûd al-Faqîr, zu dem antiken Menas-Heiligtum.

Da Seine Heiligkeit Papst Kyril VI. noch nicht eingetroffen war, inspizierten Demetri und ich das Grabungsfeld mit seinen Säulentrommeln, Architraven, Bögen und Marmorblöcken. Als wir in der kühlen Morgenfrische durch die weitläufigen Ruinen schlenderten, erzählte Demetri mir über die Bedeutung der frühchristlichen Kult- und Heilungsstätten in der Gegend von Alexandrien:

„Einige Kilometer östlich von Alexandrien in dem Dorf Abûqîr besaßen wir einst eine in der ganzen Antike bekannte Heilungsstätte, die den Heiligen Kyrus und Johannes geweiht war. Bevor die Christen diesen Ort übernahmen, verehrten dort Griechen und Ägypter die Götter Isis und Asklepius und erfuhren Linderung und Heilung. Wie so häufig bei unseren Wallfahrtsorten übernahmen auch hier die Christen den heidnischen Heilungskult und ersetzten die vorchristlichen Götter durch christliche Heilige."

„Willst Du damit vielleicht andeuten, daß auch der heilige Menas eine vorchristliche Gottheit ablöste?" fragte ich. „Warum nicht, genauso wie nach der Überlieferung der ägyptische reitende Horus, der mit seiner Lanze ein Krokodil erstochen hat, einer der ägyptischen Vorläufer für die so populären Reiterheiligen war – wie St. Georg, St. Demetrius, St. Merkurius –, so ist auch der Kult um den heiligen Menas älter als das Christentum. Europäische Wissenschaftler haben den Menas-Kult mit der altägyptischen Osiris-, Horus- und Anubis-Verehrung verglichen, andere haben in ihm eine christliche Variante zum phrygischen Volksgott Men erkennen wollen", erzählte Demetri auf unserem Weg zur Menasgruft, über der anläßlich der Grundsteinlegung ein Notaltar errichtet worden war. „Willst Du damit etwa behaupten, daß der heilige Menas keine historische Person war?" fragte ich erstaunt. „Nun, so weit möchte ich nicht gehen, aber die Identitätsfrage über diesen in der ganzen Orthodoxie so hoch verehrten Heiligen ist keinesfalls gelöst."

Als Demetri seine kritischen Bemerkungen machte, erinnerte ich mich an die Aufzeichnungen des Bollandisten H. Delehaye, der die Akzentsetzungen und Eigenarten der alexandrinischen und konstantinopolitanischen Menasüberlieferungen verglich und trotz des unterschiedlichen Inhalts der Traditionen die Auffassung vertrat, daß es nur einen heiligen Menas gegeben haben könnte. „Die Mönche des neuen koptischen Menas-Klosters werden sich über derartige akademische Fragen bestimmt nicht den Kopf zerbrechen", fuhr Demetri fort, „ihre Probleme konzentrieren sich auf die Wasserversorgung und auf die Reklamationsprojekte der ägyptischen

Regierung, die mit allen Mitteln die Bepflanzung der Wüste vorantreibt."

Inzwischen hatte der Wagen des Heiligen Vaters die alte Wüstenstadt erreicht. Umjubelt von Pilgerscharen und in Begleitung von Anbâ Yuhannis, dem Bischof von Gizeh, Abûnâ Makârî und seinem Sekretär Abûnâ Mitias, begab sich der Papst zur Menasgruft, wo zum ersten Mal seit vielen Jahrhunderten die Eucharistie zelebriert wurde. „Hier wurden vor eintausend Jahren die Gebeine des heiligen Menas verehrt. Im 4. und 5. Jahrhundert gab es keinen Wallfahrtsort in der christlichen Welt, zu dem mehr Pilger strömten als zu der mareotischen Menasstadt — und das ist keine Übertreibung. Für unsere Vorfahren war der beschwerliche Weg in die Wüste ein Teil ihrer Buße. Gleichzeitig steigerten die Strapazen die Heilungserwartungen", kommentierte Demetri. Als die dichten bläulichen Weihrauchschwaden zum Himmel emporstiegen und die liturgischen Gesänge des Kathedralchors die Stille der Wüste durchdrangen und die Gläubigen andächtig den leise gesprochenen Gebeten des Papstes folgten, zogen in meinen Gedanken das Leben des heiligen Menas und die Geschichte dieser Pilgerstätte wie ein Film vorbei.

Der heilige Menas war der Sohn wohlhabender Eltern. Sein Vater Eudoxius diente als Präfekt in der kleinasiatischen Provinz Phrygien. Nach dem Tod seiner Eltern verteilte der fünfzehnjährige Menas sein Erbe an die Armen, um ausschließlich für Gott zu leben. Mit List überredete man ihn, Offizier zu werden, und als solcher diente er im Regiment der Rutilier in Cotyaeum in Phrygien. Bei den alljährlichen Reiterfestspielen, zu denen in dieser Stadt viel Volk und Militär zusammenkamen, erschien Menas unvermittelt in der festlichen Arena. Mit lauter Stimme bekannte er seinen Glauben vor dem Statthalter Pyrrhus und allen Anwesenden. Mehrere Male wurde ihm vom Statthalter die Gelegenheit gegeben, sein Bekenntnis zu widerrufen. Aber vergeblich, Menas fühlte sich berufen, Zeugnis für seinen Heiland

Jesus Christus abzulegen. Daraufhin wurde er ins Gefängnis geworfen und nach langen grausamen Qualen im Jahre 296 enthauptet.

Die Reste der dem Feuer übergebenen Leiche wurden von Christen geborgen, um sie, dem Wunsche des Blutzeugen gemäß, seiner ägyptischen Heimat zuzuführen und dort zu bestatten. In Alexandrien wurden die Gebeine auf ein Kamel verladen. Das Tier nahm seinen Weg in die mareotische Wüste. Hier wurden die Gebeine des Märtyrers an der Stelle, wo das Leittier haltmachte, beigesetzt. An diesem Ort errichtete man dann eine kleine Kapelle.

Wunder folgte auf Wunder. Ein armer Hirte, dessen krankes Lamm auf wunderbare Weise gesund wurde, schrieb die Heilung der Erde des Heiligtums zu, in der das Tier sich gewälzt hatte. Ein gelähmtes Kind, das einen Lichtschein über dem Märtyrergrab erblickte, wurde geheilt. Die Kunde der wunderbaren Heilungen verbreitete sich schnell, so daß Kranke und Lahme in die mareotische Wüste gebracht wurden, um dort Heilung zu erfahren. Selbst die an Lepra erkrankte Tochter des Kaisers Konstantin pilgerte zur Menasgruft, wo, als Zeichen der Dankbarkeit für die Heilung seiner Tochter, der Kaiser eine prunkvolle Kirche errichten ließ.

Sehr schnell überschattete die Popularität des Menas-Heiligtums sogar die heiligen Stätten in und um Jerusalem. Große und viele kleine Stiftungen flossen der Wallfahrtsstätte zu. So berichtete Papst Timotheus (380−384) von einem Juden, der im Menas-Heiligtum sein Recht fand und dem heiligen Menas 1000 Dukaten stiftete. Als Papst Theophilus (384−412) eine dreischiffige Basilika über der konstantinischen Kirche errichten ließ, erwies sich auch diese Kirche sehr bald als zu klein, so daß der oströmische Kaiser Arkadius (395−408) die Theophilus-Kirche noch durch einen großartigen Bau erweitern ließ. Allein das Dach der Arkadius-Basilika wurde von 56 Marmorsäulen gestützt. Die Gesamtlänge der Sakralbauten betrug über 120 m.

Mächtige Klosterbauten mit Arkaden aus kostbarem Marmor erhoben sich in unmittelbarer Nähe der Kirche und dienten den zahlreichen Mönchen und Priestern als Wohnung. Ausgedehnte Bäderanlagen standen den Heilungsuchenden, die in immer größeren Scharen zum Menas-Heiligtum pilgerten, zur Verfügung. In seinem Ausgrabungsbericht über das Menas-Heiligtum schätzte Monsignore Kaufmann, daß mehrere Hundert Priester und Tausende von Händlern und Arbeitern, die sowohl in den Gärten und Weinfeldern, als auch in den Töpfereien beschäftigt waren, vom 5. bis 7. Jahrhundert in der Nähe der Pilgerstätte wohnten. Ende des 5. Jahrhunderts baute Kaiser Zeno um das Heiligtum eine Stadt und ließ seinen kaiserlichen Palast in der Nähe der Sakralbauten errichten.

Als ich so über die Geschichte dieses frühchristlichen Lourdes nachdachte und die andächtigen Pilger beobachtete, die den altägyptischen Klängen der Basilius-Liturgie und den monotonen Gebeten folgten, stieß Demetri mich an und sagte: „Jetzt sind die Kopten hier, noch bis zum 8. Jahrhundert gehörte dieses Heiligtum den Byzantinern. Unsere griechischen Patriarchen kamen regelmäßig hierher, um des heiligen Menas' zu gedenken. Erst nachdem die Musleme den Kopten diese Kirchen und Bäder zugesprochen hatten, verfiel der Wallfahrtsort." Demetri sah den Feierlichkeiten mit einem gewissen hellenischen Hochmut zu, gleichzeitig stimmte ihn das Geschehen auch traurig, weil nicht die Griechen, sondern die Ägypter hier zusammenkamen, um ein neues Kloster zu errichten. —

„Schon im 9. Jahrhundert begann man, die Säulen und Marmorquader aus diesem Heiligtum nach Samarra in Mesopotamien zu verfrachten, wo die Musleme einen Palast für den Abbasiden-Kalifen al-Mutasim bauten. Wäre die Wallfahrtsstätte in byzantinischen Händen geblieben, wer weiß, ob sie das gewagt hätten!" meinte Demetri. „Aber es dauerte doch noch mehrere Jahrhunderte, bis die Stätte völlig zerfiel", versuchte ich als Entschuldigung für die Ägypter zu sagen: „Zwar wurde das Heiligtum im 9. Jahrhundert durch Beduinen teilweise zerstört, und im 11. Jahrhundert verschanzten sich dort die Araber, um Reisende und Pilger zu überfallen. Die Kirche aber existierte noch im 12. Jahrhundert, obwohl die Pilgerstadt schon verwüstet war. Du hast schon recht, Demetri, fast 700 Jahre lang lag Schweigen über dieser Stätte, in der nur noch Wüstenwölfe und Schakale hausten und über die alljährlich die Sandstürme aus der Sahara hinwegfegten und sie begruben."

Die eucharistische Feier näherte sich dem Ende. Die Gemeinde stimmte in ein dreifaches „Kyrie eleison" ein, als der Papst das Wasser, mit dem er den Kelch ausgespült hatte, in seine Hände goß und vor dem Altar in die Luft warf und betete: „Gottes Engel, nimm dieses Opfer mit unserem Gebet in die himmlische Höhe, gedenke unser vor dem Herrn, daß er unsere Sünden austilgen möge!"

Vor dem Segen wurden noch einige Gebete gesprochen. Anschließend folgte die Grundsteinlegung des neunten koptischen Klosters, einige hundert Meter von dem Ausgrabungsfeld entfernt. Ein quadratischer Marmorstein, auf dem ein Kreuz und ein arabischer Text eingraviert waren, wurde in einen kleinen Backsteinsockel einzementiert: „Das Kloster des heiligen Menas. Sein Grundstein wurde durch die segenspendenden Hände Seiner Heiligkeit, des höchst ehrwürdigen Papstes Kyril VI. von Alexandrien und Patriarchen des Stuhles des heiligen Markus an diesem gesegneten Freitag, dem 27. November 1959, dem 17. Hâtûr 1676, gelegt." Pressephotographen schwirrten um den Papst, der mit seinem silbernen Handkreuz die Anwesenden segnete und mit der linken Hand sich auf seinen Bischofstab stützte, einen einfachen Ebenholzstab mit einem Elfenbeingriff.

Nach den offiziellen Feierlichkeiten gingen Demetri und ich noch einmal durch das Ausgrabungsfeld. „Wenigstens einen kleinen Marmorstein der alten Basilika möchte ich noch finden, wenn wir Griechen hier auch sonst keine Ansprüche mehr vertreten können", sagte mein Freund und kratzte mit seinem Schuh im Sand in der Hoffnung auf Erfüllung seines Wunsches.

Wir hatten uns noch gar nicht weit von der Pilgerschar entfernt, als zwei kleine Beduinenjungen uns ansprachen und uns zwei Menas-Ampullen anboten, die sie in den Ruinen gefunden hatten. Demetri war hocherfreut: „Das ist wesentlich besser als ein Mosaiksteinchen." Wir begutachteten die aus Ton gebrannten, kleinen, flachen Wasserampullen. Auf beiden Seiten waren die Prägungen, die den heiligen Menas in Gebetshaltung zwischen zwei kauernden Kamelen darstellten, deutlich zu erkennen. Die Inschrift um das Heiligenbildnis war so abgegriffen, daß nur wenige Buchstaben leserlich waren. „Das ist eindeutig griechisch und nicht koptisch", bemerkte Demetri. „Wahrscheinlich hast Du recht", erwiderte ich, „aber um ganz sicher zu sein haben wir nicht genügend Anhaltspunkte. Das koptische Alphabet benutzt doch dieselben Buchstaben wie das griechische, nur hat es sieben zusätzliche Buchstaben, die die Laute wiedergeben, die aus dem Demotischen — einer späteren Form der altägyptischen Sprache — übernommen wurden." — „Aber trotzdem ist das griechisch, meinst Du nicht auch? Jetzt benötige ich nur noch etwas von dem heilungspendenden Wasser, und meine Pilgerfahrt hat sich gelohnt", sagte Demetri. Ohne langes Handeln erhielten wir für 20 Piaster die 1400 Jahre alten Ampullen, von denen vom 5. bis 7. Jahrhundert Abertausende in den Töpfereien von Abû Mînâ für die Pilger hergestellt wurden.
Im Regierungsrasthaus trafen wir bekannte deutsche Archäologen, die seit mehreren Jahren gemeinsam mit ihren ägyptischen Kollegen vom koptischen Museum in Abû Mînâ gruben. „Natürlich werden wir nicht nur die alte Stadt ausgraben, sondern auch eine neue Basilika zu Ehren unseres Menas errichten", sagte einer der ägyptischen Bauherren. Demetri hatte mich eingeladen, mit

ihm nach Alexandrien zu fahren. Angeregt durch unsere Erlebnisse, erzählte er während der Fahrt, daß die Verehrung des heiligen Menas sich nicht auf Ägypten beschränke. „Wir besitzen Menas-Kirchen in Konstantinopel, in jeder größeren griechischen Stadt, fast auf jeder griechischen Insel und auch auf Zypern. Besonders aber verehren die Russen und auch die Armenier den heiligen Menas." − „Soviel ich weiß, gibt es nördlich der Alpen nur eine Menas-Kirche, eine kleine Kapelle, wenige Kilometer südlich von Koblenz, direkt am Rhein", sagte ich. „Und wie kam der heilige Menas an den Rhein?" fragte Demetri. „Wer weiß? In Deutschland sind viele Kirchen ägyptischen Heiligen geweiht, wie zum Beispiel Antonius dem Großen, Athanasius, Kyrillus, oder Katharina von Alexandrien."

Am Abend des 25. Februar 1962 besuchte mich Demetri und berichtete, daß an diesem Tag die Reliquien des heiligen Menas von der Menas-Kirche in Alt-Kairo wieder in die mareotische Wüste überführt worden seien. „Also sind die Gebeine wieder an ihrem alten Ruheplatz", sagte ich, „denn in der Menas-Kirche zu Alt-Kairo hatte man immer wieder versucht, sie zu stehlen."

In der ersten Hälfte des 14. Jahrhunderts, zur Zeit des koptischen Papstes Benjamin II. (1327−1339), als die Anlage in der Wüste schon verfallen war, wurden die Menas-Reliquien nach Kairo gebracht. „Diese Reliquienüberführung könnte eine Erklärung für die Menas-Kirche am Rhein sein", fügte ich hinzu. „Das mußt Du erklären", sagte Demetri, der derartige zwischenkulturelle Beziehungen immer faszinierend fand. „Die am Fuße des Berges Stolzenfels gelegene Kapelle wurde 1328 von dem Trierer Weihbischof Daniel von Wichterich dem ägyptischen Nothelfer und Heiligen geweiht, also zur gleichen Zeit, als die Reliquien aus der Wüste nach Kairo überführt wurden. Gerade in diesen Jahren hatte sich die religiöse Lage der Christen in Ägypten so verschlechtert, daß der römische Papst einen Gesandten an den Hof des Sultans Malik an-Nâsir Muhammed schickte mit der Bitte, die Christen menschenwürdiger zu behandeln. Jakob II. von Aragon, der gute Beziehungen zum Sultan unterhielt, sandte seine sechste und politisch bedeutendste Delegation im Jahre 1327 nach Kairo, um die lateinischen Rechte im Heiligen Land abzusichern. Im selben Jahr schickte auch Karl IV. von Frankreich Botschafter nach Kairo, um für die französischen Pilger Zusicherungen zu erhalten. Dies bedeutet doch, daß zwischen den europäischen Königshäusern und der religiösen Szene in Ägypten eine Vielfalt von Beziehungen bestand, durch die das Wissen um den ägyptischen Thaumaturgen St. Menas in das Rheinland übertragen werden konnte. So kam der Menaskult entweder auf offiziellen Wegen durch die kirchliche Aristokratie oder durch rheinische Heilig-Land-Pilger nach Deutschland. Da in der Nähe der Kapelle Stolzenfels ein Siechenhaus stand, weihte man die Kapelle dem heiligen Menas in der Hoffnung, daß die therapeutischen Gaben des Wüstenheiligen den Kranken zugutekommen würden." „Und was hat das mit der Reliquienübertragung zu tun?" wollte Demetri wissen. „Nun, die Überführung geschah doch nicht heimlich. Der Name des heiligen Menas war zu der Zeit auf den Lippen vieler Christen, und europäische Pilger, die sich zu der christlichen Bevölkerung hingezogen fühlten, erfuhren über die Bedeutung und Heilungsgaben des ägyptischen Wüstenheiligen, den man in Alt-Kairo verehrte."

Wie so viele Ägypten-Griechen, kehrte auch Demetri in sein Heimatland zurück. Viele Jahre später trafen wir uns in dem Kaffeehaus Flokas an der Panepistimou-Straße im Herzen von Athen und erinnerten uns an den heiligen Menas. „Du, das Kloster, mit Zellen, Kirchen und Kapellen, Gästehaus und Versorgungslagern ist inzwischen fertiggestellt und wird von mehr als zwanzig Mönchen bewohnt. Wo einst Wüste war, ist das Land meilenweit bepflanzt. Die neue Menas-Basilika ist auch eingeweiht, und in der Krypta unter dem Hauptaltar liegen seit dem 23. November 1972 die sterblichen Überreste von Papst Kyril VI.", berichtete ich meinem Freund. „Für den Papst, dessen Mönchsname Menas war, hatte sich ein Traum erfüllt. Bis zu seinem Tod am 9. März 1971 war doch das Menas-Kloster eines seiner persönlichen Hauptanliegen", erwiderte Demetri.

Ich begleitete Demetri auf seinem Heimweg. Als wir an der Athener Kathedrale der Verkündigung vorbeikamen, stieß er mich an: „Komm, vor der Menas-Ikone zünden wir eine Kerze an!"

DAIR ANBA BISCHOI

„Im Bischoi-Kloster —
Zwischenmenschlichkeiten in der Wüste"

Die Geschichte des Wâdî 'n-Natrûn oder des Natron-
Tals zwischen Kairo und Alexandrien kann man bis in
die pharaonische Zeit verfolgen. Alte, vorchristliche
Texte berichten von Kamelkarawanen, die von den Bu-
hairah- und Farafrah-Oasen durch das Natron-Tal in das
Nildelta zogen. Heutzutage sind es die Beduinen der
Ghawabi- und Awlad-Ali-Stämme, die Datteln und Oli-
ven aus den westlichen Oasen in die Dörfer und Städte
des Nildeltas befördern. In allen vier Wüstenklöstern des
Wâdî 'n-Natrûn stößt man immer wieder auf zerbroche-
ne Marmorsäulen und Teile von Granitblöcken, stille
Zeugen eines ehemaligen Serapis-Heiligtums in der Weite der libyschen Wüste. Im 4. Jahrhundert gab es drei
Gebiete in dieser Wüste, in die sich die ersten Wüstenväter zurückzogen: Kellia, Nitria und Sketis. Die mönchischen Niederlassungen in Kellia und Nitria wurden
schon durch die ersten Berberangriffe im 6. und 7. Jahrhundert zerstört. Nur die Klöster der inneren oder sketischen Wüste haben die wiederholten Schicksalsschläge
der Jahrhunderte überlebt. Im 4. Jahrhundert waren es
die „Gottesengel" Makarius, Bischoi, Johannes der
Kleine, die mit ihren Jüngern die sketische Wüste besie-
delten, um sich der Askese zu widmen — erst als Einsiedler, dann als Gründer klösterlicher Gemeinschaften.

Die Sketis oder das Wâdî 'n-Natrûn erstreckt sich über
35 km und liegt westlich der heutigen Wüstenstraße, die
Kairo mit Alexandrien verbindet. Das Tal, nirgendwo
breiter als 8 km, erhielt seinen Namen durch acht Salzse-
en, die zum Teil 25 m unter dem Meeresspiegel liegen.
Im Sommer sind die Seen völlig ausgetrocknet, so daß
die umliegenden Wüstengebiete mit einer dicken Salz-
schicht überlagert sind.

Schwester Maria, eine junge Zehlendorfer Diakonisse, die für die deutsche evangelische Gemeinde Kairo die sozialen Dienste und die Jugendarbeit versah, und Dr. Alan Knight Chalmers, ein amerikanischer Theologie-professor der Bostoner Universität, der für viele Jahre einer der bedeutendsten Prediger in New York City war, hatten den Wunsch geäußert, mich zum Bischoi-Kloster zu begleiten. Wir fuhren mit meinem grau-grünen VW-Käfer von Kairo bis zum Half-Way-Rasthaus, wo wir die Wüstenstraße verließen. Wir bogen links ein und fuhren mehrere Kilometer auf ausgefahrenen Sandwegen durch die Beduinen-Siedlung Wâdî 'n-Natrûn. Vor uns lagen nun die ausgetrockneten Salzseen. „Seit sechs Jahren der erste Schnee!" bemerkte Schwester Maria freudestrah-lend. Tatsächlich erschienen die in der grellen Sonne weiß schimmernden Salzseen wie eine Schneelandschaft in der Wüste. Wir fuhren über die salzverkrustete Wüste bis zu dem einzigen Palmenbaum, der vereinsamt in der Einöde stand und für mich ein unverkennbares Zeichen war, daß ich weiter nur mit Ballonreifen oder einem Jeep fahren könnte. Vor uns, in 2 km Entfernung, erhob sich das Bischoi-Kloster, umgeben von hohen gelbgrauen Mauern über die wir eine Kirchturmspitze und die Kronen mehrerer Palmen herausragen sahen.

„Hoffentlich lassen mich die Mönche überhaupt ins Klo-ster, denn gerade die orientalischen Mönche sind doch bekannt wegen ihrer frauenfeindlichen Einstellung", er-kundigte sich Schwester Maria etwas beängstigt, „denn ich möchte Ihnen auf keinen Fall Schwierigkeiten berei-ten." – „Sie haben natürlich recht, die alten Väter dul-deten es nicht einmal, daß Frauen der Buße wegen sich in die Wüste zurückzogen", erklärte ich der evangelischen Diakonisse, die nicht recht wußte, ob sie lächeln oder ein schlechtes Gewissen haben sollte. „In früheren Zeiten haben Frauen ja versucht, sich in die Wüste einzu-schmuggeln, und einige dieser Damen waren dabei auch recht erfolgreich." Dr. Chalmers wußte sofort, worauf ich anspielte. „Sie denken wahrscheinlich an die heilige

Hilaria, Tochter des Kaisers Zeno (474—491), die als Mönch verkleidet viele Jahre lang in dieser Einöde lebte, oder an die heilige Marina, die über 40 Jahre in einem Männerkloster wohnte. Erst nach ihrem Tod wurde das Geheimnis ihrer Weiblichkeit entdeckt." Ich erinnerte mich noch an weitere Namen dieser weiblichen Wüstenheiligen, an Euphrosyne, Theodora und Anastasia, und so wetteiferten Dr. Chalmers und ich — während wir durch den tiefen Wüstensand wanderten —, indem wir uns die heroischen Betrügereien dieser gewissermaßen geistlichen Transvestiten erzählten.

Schwester Maria hörte unseren Ausführungen interessiert zu und fragte endlich, wann dieses weibliche Wüstenmönchtum sein Ende gefunden habe. „Schon im 5. Jahrhundert versammelten sich die Väter in Gangra und entschieden, daß, eine Frau, wenn sie unter dem Vorwand der Askese ihr Gewand wechselt und anstelle ihrer gewohnten weiblichen Kleidung die eines Mannes trägt, verdammt sei", wußte ich zu berichten. „Sie werden also um meinetwillen wirklich keine Schwierigkeiten haben?" wollte die Diakonisse bestätigt wissen. „Auf keinen Fall, früher war es tatsächlich so, daß alles Weibliche von den Mönchen als mit Sünde beladen und sittlich verderblich betrachtet wurde. Theodor der Studit, einer der großen Väter des orthodoxen Mönchtums, schrieb sogar: ‚Halte kein Tier weiblichen Geschlechts, da du dem weiblichen Geschlecht insgesamt abgeschworen hast, weder im Haus noch auf dem Feld, denn keiner der heiligen Väter hielt sich welche, noch bedarf ihrer die Natur.' Aber heute wissen die Mönche ganz genau, daß diese Regel gar nicht mehr durchführbar ist. Zwar können die Väter durch ihre Vorschriften das mönchische Begehren zähmen, aber die Natur hält sich doch nicht an die Anweisungen der Väter, wie Sie es auch gleich selber sehen werden. Unmöglich könnte es in den Klöstern so viele Wanzen und Flöhe geben, wenn es nicht auch weibliche Wanzen und Flöhe gäbe, und die zahllosen Mäuse und Ratten, die nachts durch die Klostergärten und Kirchen jagen verdanken ihre Herkunft doch auch nur der Anwesenheit von Mäusinnen und Rättinen", fügte ich hinzu.

„Außerdem möchte ich Ihnen versichern, daß Sie nicht die erste Dame sind, die dieses Kloster betritt. Schon zu Beginn des 19. Jahrhunderts besuchte der englische Erzdiakon Henry Tattam, begleitet von seiner Stieftochter, einem Fräulein Platt, dieses Kloster, wo sie die Bibliothek nach wertvollen Manuskripten durchsuchten. Im Jahre 1904 war auch die bekannte Koptologin Dr. Agnes Smith Lewis mit ihrer Freundin Frau Margaret Dunlop Gibson in diesem Kloster, und ich kann Ihnen versichern, daß in den letzten Jahren schon viele Frauen die Wüstenklöster besucht haben!" Schwester Maria zog ihre hellgraue Diakonissentracht zurecht und kämmte ihre Haare unter die schneeweiße Haube, um ja einen korrekten Eindruck zu machen.
Wir waren am Klostertor angekommen. Dr. Chalmers zog an einem 8 m langen Seil, das von der Klostermauer herunterhing und an dem oben eine Glocke befestigt war. Es läutete zwei oder drei Mal, ich klopfte an die schwere Klostertür und nannte meinen Namen. „Geduld, ein wenig Geduld!" dröhnte es durch die eiserne Klosterpforte. Ich erklärte meinen Begleitern, daß der Pförtner erst die Genehmigung des Abtes einholen müsse und erst dann die Schlüssel holen würde.
Während unserer Wartezeit erinnerte ich mich an den Besuch des französischen Marineoffiziers C. S. Sonnini im Januar 1778, der im Baramûs-Kloster mit so viel Mißtrauen aufgenommen worden war. Als Sonnini dann zum Bischoi-Kloster kam, warteten die Mönche vor dem Klostertor auf ihn, in der Hoffnung, daß er sie besuchen würde. Verärgert durch die Verdächtigungen, die er erfahren hatte, entschied er sich, die Einladung der Mönche abzuweisen, die ihn wiederholt zum Eintritt ermutigten, indem sie versprachen, ihm den Körper eines Heiligen zu zeigen, der „so frisch und blühend aussieht, als sei er noch lebend". Aber die Mönche vermochten es nicht,

den Franzosen zu überreden, was sie ein wenig traurig stimmte, da ihnen dadurch ein langersehntes „Bakschisch" entging.

Die Tür öffnete sich und Abûnâ Yûâqîm begrüßte Dr. Chalmers und mich auf das Herzlichste. Schwester Maria verfolgte die Begrüßungsgesten interessiert und spürte, daß der Wüstenvater mit keinem Blick ihre Anwesenheit würdigte. Da der Schlüssel zum Gästehaus beim Gastpater war, den der alte Yûâqîm aber nicht ausfindig machen konnte, fühlte er sich in die Rolle des Gastgebers ein. Er organisierte vier Stühle und einen kleinen Tisch und stellte sie in den Klostergarten vor den Eingang seiner Zelle. Abûnâ Yûâqîm entschuldigte sich und verschwand in seiner Zelle, ließ aber die Tür offen, so daß Schwester Maria beobachten konnte, wie der Wüstenmönch sein gestieltes Kännchen von einem hölzernen Bord holte, um für uns einen Kaffee „turk" zu brauen. Während die Diakonisse aufmerksam zuschaute, wie der Mönch beschäftigt war, den Kaffee zu mahlen und seinen Primuskocher in Gang zu bringen, sprach Dr. Chalmers über den gesellschaftsprägenden Einfluß des türkischen Kaffees; war doch die Herrschaft der Osmanen in Ägypten viele Jahrhunderte lang für das Leben und Treiben der Niltalbewohner ausschlaggebend. „Aber nicht so", erwiderte ich, „im Gegenteil. Der sogenannte türkische Kaffee hatte seinen Ursprung in diesen Klöstern, bei den Asketen und Anachoreten der sketischen Wüste. Die alten Väter kauten nämlich die frischen Kaffeebohnen, um sich für die langen nächtlichen Gottesdienste, die sich über viele Stunden hinzogen, wach zu halten und sich auch für die angespannten Meditationen anzuregen. Wir dürfen nicht vergessen, daß die Agrypnie, die Schlaflosigkeit oder besser der freiwillige Verzicht auf Schlaf, einer der tiefsten Ausdrücke der mönchischen Askese war. Dafür war die Kaffeebohne der notwendige Stimulant, ja genauso wie das Laudanum, das aus Schlafmohn gewonnen wird, als ein Beruhigungsmittel gegen geschlechtliche Erregung erlaubt war."

Wollen Sie hiermit vielleicht sagen, daß die orientalischen, ja, die westlichen Kaffeehäuser ihren Ursprung in dieser Wüste, wer weiß, in diesem Kloster, hatten?" fragte mich Dr. Chalmers empört. „Ich könnte mir schon vorstellen, daß die alten Väter ihre Kaffeebohnen nicht nur kauten, sondern die getrockneten Bohnen auch auf dem Feuer rösteten, sie zerstampften und das Kaffeemehl mit Wasser aufkochten. Ernst Benz vertrat sogar die Meinung, daß der Trank der Wüstenmönche über die Jahrhunderte zum Bischofstrank avancierte. Dies ist einleuchtend, wenn man bedenkt, daß die Bischöfe aus dem Mönchsstand gewählt wurden. Auf diesem Weg, über die bischöflichen Residenzen, wäre dann der Kaffee in den säkularen Kulturbereich gekommen", versuchte ich zu erklären. Schwester Maria hörte der Diskussion aufmerksam zu. „Vielleicht haben Sie ja doch recht", meinte die Diakonisse, „ich wurde bei Ihren Ausführungen an den Cappuccino erinnert, das ist doch auch ein starker Kaffee-Aufguß, zwar mit etwas Sahne. Wer weiß, vielleicht besteht auch da ein Zusammenhang zwischen Mönchtum und der Kaffeekultur." Verlegen zuckte ich die Schultern, denn im italienischen „Kapuziner" eine Verbindung des orientalischen Kaffees zum lateinischen Mönchtum zu sehen, schien mir doch ein wenig gewagt.

Inzwischen war Abûnâ Yûâqîm mit seinen kleinen Tassen und dem zierlichen Kaffeekännchen wieder zu uns gestoßen. Mehrere Male wiederholte er die herkömmlichen Begrüßungsformeln und erkundigte sich nach unserer Reise und Gesundheit. Nachdem die Atmosphäre sich ein wenig gelockert hatte, wandte er sich der Diakonisse zu und erkundigte sich nach ihrem Beruf und ihrer Arbeit in der Kirche. Da es aber in jenen Jahren noch keine koptischen Diakonissen gab, waren die Auskünfte der Gemeindeschwester dem Wüstenvater völlig unverständlich.
Während wir unseren Kaffee tranken und über das klösterliche Leben plauderten, beobachtete ich, wie Abûnâ

Yûâqîm ein ungefähr 10 cm längliches Amulett aus seiner Tasche holte und damit spielte, wie es die Griechen mit ihren Komboloia zu tun pflegen. Nach einer Weile faßte ich Mut und bat ihn, mir sein Amulett zu zeigen. Es waren zwei nebeneinander liegende Finger aus Obsidian, der Zeige- und der Mittelfinger, in die sowohl die Fingernägel als auch die Fingergelenke säuberlich eingeritzt waren. Der Wüstenmönch schmunzelte, als ich ihn nach der Bedeutung dieses eigenartigen Stückes fragte. „Die beiden Finger stellen das Göttliche und das Menschliche in Jesus Christus dar." Dr. Chalmers sah ihn verwundert an. „Wieso? Ich dachte die Kopten bestehen auf der ‚Ein-Naturen-Lehre‘ im Gegensatz zu den übrigen Christen, die an die göttliche und menschliche Natur Jesu Christi glauben." Der Wüstenvater lachte: „Sie haben schon recht, wir glauben, daß Jesus Christus nur eine Natur hatte, aber die Finger sind doch Teile einer Hand, und die ist unzerteilbar. Die Finger sind lediglich ein Zeichen, daß unser Heiland göttlich und menschlich war, nicht aber daß er zwei Naturen besaß."

Wir begaben uns auf das sehr zerbrechliche Eis der frühmittelalterlichen Christologie und ich versuchte, die Unterhaltung zu retten, indem ich auf die ursprüngliche Bedeutung des Amuletts hinwies: „Diese beiden Finger wurden in vorchristlicher Zeit von den Priestern der Pharaonen zur Belebung von Gottesstatuen verwandt." Der alte Yûâqîm sah mich erstaunt an. „Nun, die beiden Finger mit denen Sie jetzt spielen, wurden von Ihren priesterlichen Vorfahren unter Rezitation von Beschwörungsformeln auf die Lippen der Gottesstatue gelegt, um ihr Geist und Leben zu verleihen. Genauso wie Sie in Ihrer Gottesmutter-Ikone eine künstlerische ‚Inkarnation‘ erblicken und die Gegenwart der Gottesmutter in ihrem Bild verehren, so sahen die Vorfahren auch die Gegenwärtigkeit der Götter in ihren Statuen. In späteren Zeiten wurde dann das Ritual der Mundöffnung auch auf die Entschlafenen übertragen, indem der Priester ihnen die

beiden Finger auf die Lippen legte, um sie dadurch am
ewigen Leben teilhaben zu lassen."
Während Abûnâ Yûâqîm sein Amulett herumzeigte,
hörte ich hinter mir Schritte. Ich sah mich um und erkannte den greisen Klosterbischof Basilius, der auf uns
zukam. Abûnâ Yûâqîm legte die rechte Hand auf seine
Brust und verbeugte sich tief vor seinem Vorgesetzten,
der ihn väterlich umarmte. Das zweite Mal verbeugte er
sich so tief, daß er mit den Fingerspitzen seiner Hand den
Boden berührte. Dann küßte er den Saum der bischöflichen Soutane. Der Bischof versuchte, diese ihm vertrau-
te Demutsbezeugung zu verhindern, indem er immer
wieder seine Hand wegzog. Nachdem wir uns dem Bischof vorgestellt hatten, lud er uns ein, die Klosterkirche
zu besuchen. „Diese Kirche wurde im 9. Jahrhundert errichtet und ist der älteste Teil des Klosters. Es sind eigentlich drei Kirchen die ineinander verschmolzen sind;
dort im Süden ist die Kirche des heiligen Iskhirûn von
Kalen und auf der gegenüberliegenden Seite ist unsere
Marienkirche."
Während der Bischof die Geschichte und Architektur
der Kirche erläuterte, ging Dr. Chalmers seine eigenen
Wege. Im westlichen Kirchenschiff stolperte er über eine
im Boden eingelassene Marmorschale. Nach einer kurzen Weile wandte sich der Bischof ihm zu: „Wir nennen
dieses Gefäß − Sie finden es in allen älteren Kirchen −
einfach ‚lakan‘ und es wurde in früheren Zeiten zweimal
im Jahr gebraucht, für den Gründonnerstag-Gottes-
dienst zur Fußwaschung und am Apostelfest."
Wir begaben uns wieder in den Chor, wo der weißbärtige
Basilius die Ikonen an der Altarschranke erklärte. Als
wir uns der Ikone des Klostergründers Bischoi näherten,
fragte Schwester Maria: „Und wann lebte der heilige Bischoi?" Ich hatte das Gefühl, daß der ehrwürdige Kirchenfürst auf diese Frage nur gewartet hatte. „Der heilige Bischoi lebte im 4. Jahrhundert. In seiner Jugend erschien ihm eines Tages der Engel Gottes und rief ihn in
die Wüste. Hier gesellte er sich zu Johannes dem Klei-

nen, der schon viele Jahre als Eremit in der Wüste lebte.
Einige Jahre später schickte Johannes ihn fort. Der heilige Bischoi gründete eine klösterliche Gemeinschaft, von
der er sich aber löste, um als Einsiedler zu leben. Drüben
im Syrer-Kloster ist seine Zelle. Da wird auch der Stab
des heiligen Ephraem gezeigt, den dieser bei einem Besuch außerhalb Bischois Zelle stehen ließ und der dann
Wurzeln schlug und zu einem großen Baum wurde. Unser Bischoi erlebte viele Visionen, in denen der Herr Jesus Christus ihm immer wieder erschien. Eines Tages erzählte er seinen Jüngern von solch einem Christus-Erleb-
nis. Aufgeregt lauschten sie seinen Worten, und am
kommenden Tag waren sie alle entschlossen, den Ort in
der Wüste aufzusuchen, wo ihr Abt den Herrn gesehen
und erlebt hatte. In großer Eile hasteten sie aus dem Kloster, vorbei an einem alten Mann, der sie mit bittenden
Händen anflehte, mitgenommen zu werden. Als letzter
kam Bischoi vorbei, der sich des Alten annahm und ihn
auf seinem Rücken in die Wüste trug. Als die eifrigen
Jünger ihren Abt sahen, fragten sie ihn nach dem Herrn
Jesus Christus. Inzwischen hatte Bischoi sich aufgerich-
tet und der Alte war entschwunden. Da sprach Bischoi
zu seinen Jüngern: ,In eurer Hast nach dem Christus seid
ihr an ihm vorbeigelaufen. Er ist da, wo immer Menschen mit ausgestreckten Händen uns um Hilfe bitten'.
– Als zu Beginn des 5. Jahrhunderts die Klöster zerstört
wurden, flohen Bischoi und Johannes der Kleine. Bischoi zog sich in die Fajum-Oase zurück, Johannes der
Kleine schlüpfte im Antonius-Kloster am Roten Meer
unter. Kurz nach seiner Ankunft starb der heilige Bischoi. Die Väter beschlossen, den Leichnam des Wüstenheiligen per Schiff ins Nildelta zu befördern, aber
das Schiff weigerte sich zu segeln. Daraufhin befragten
sie den Eremiten Jeremias um Rat, der ihnen sagte, daß
man Freunde auch nach dem Tod nicht voneinander
trennen könne. Erst dann wurde die Freundschaft unseres Bischoi mit Paulus von Tammuah bekannt. Nachdem
auch Paulus gestorben war, wurden die beiden Leichna-

me in das Kloster des heiligen Schenute nach Sohâg gebracht. Wann sie in dieses Kloster überführt wurden, weiß ich nicht."

Dr. Chalmers studierte das klösterliche Mobiliar im Chorraum und entdeckte dabei einen Reliquienschrein mit mehreren langen zylinderförmigen Röhren. Der Bischof ging auf den Theologieprofessor zu, verbeugte sich vor dem Schrein und küßte das Glasfenster durch das man die in Samt eingeschlagenen Reliquienbehälter erkennen konnte. „Hier besitzen wir die Gebeine von Bischoi und Paulus von Tammuah; den Schrein ließ ich kürzlich anfertigen", sagte der Bischof und wies auf die feine Intarsienarbeit hin.

Das Gespräch über das Freundschaftsverhältnis des heiligen Bischoi zu Paulus von Tammuah erweckte mein Interesse. „Finden wir nicht diese beiderseitige Abhängigkeit recht häufig bei den alten Vätern?" fragte ich den Bischof. Er überlegte eine Weile, bevor er meine Frage beantwortete. „Freundschaftspaare, Männer die füreinander eintreten, hat es immer schon gegeben; denken Sie nur an den Trojaheld Achilles und Patroklos oder an die Athener Tyrannenmörder Harmodios und Aristogeion. Aber auch in unserer Tradition haben wir natürlich viele Beispiele von echten Mönchsfreundschaften, Männer die gemeinsam in der Wüste lebten und gemeinsam für ihren Glauben den Märtyrertod starben. In einigen Fällen war es vielleicht eine sakramentale Abhängigkeit, wie bei dem Priester Banina und dem Diakon Naou. Sie kennen wahrscheinlich die Mönchsgeschichten von Abib und Apollo und von Dioskoros und Äskulapios, die ihre Zelle in der Wüste östlich von Akhmîm hatten. Die beiden Altväter Georg und Abraham waren Eremiten, die unweit von diesem Kloster lebten, und Menas und Michael waren berühmte Wüstenheilige im Antonius-Kloster. Ich könnte Ihnen noch viele andere Beispiele nennen. In den meisten Fällen war es ein Lehrer-Schüler-Verhältnis, das beide Männer zusammenführte." — Wir verließen die Kirche, nachdem wir auch das alte Refektorium besichtigt hatten, das sich an den Narthex des Gotteshauses anschloß.

Inzwischen stellte sich der Gastpater beim Bischof ein. Durch andere Mönche, die wir zwar nie zu Gesicht bekamen, hatte er von unserer Anwesenheit erfahren. Der Bischof verabschiedete sich und übergab uns Abûnâ Wissa, der sich mit übermäßiger Unterwürfigkeit entschuldigte, bei unserer Ankunft nicht zugegen gewesen zu sein. Er schloß die Tür zum Gästehaus auf, öffnete Luken und Fenster und lud uns zum Mittagessen ein. „Nehmen Sie bitte Platz!" Ohne daß wir ein Rufen vernommen hatten, erschienen zwei Klosterdiener, die den im Jugendstil gearbeiteten Tisch mit Messern, Gabeln, Löffeln und Servietten deckten. Abûnâ Wissa versprach uns, daß in einer Minute das Essen bereit sei. Schwester Maria kannte den Begriff der orientalischen Minute und meinte: „Das wird noch eine Weile dauern. Das Feuer muß bestimmt erst angelegt werden, wer weiß; aber wir haben ja nichts zu versäumen."

Während der Wartezeit unterhielt uns Abûnâ Wissa. Er war gerade von Alexandrien gekommen, wo er seine kranke Mutter besucht hatte. „Sie können also Ihr Kloster verlassen, wenn ein wichtiges persönliches Anliegen vorliegt?" fragte die Diakonisse, die unter dem Eindruck stand, daß Mönche, die einmal dem Kloster beigetreten waren, ihr ganzes Leben auch dort zubringen müßten. „Das hängt von dem Bischof, von dem Mönch und auch von den Umständen ab. Das kann man nicht so kategorisch beantworten", erwiderte der Gastpater, der sich als überaus gesprächsfreudiger Wüstenmönch entfaltete. „Unter uns leben Mönche, die jegliche Beziehungen zu ihren Familien abgebrochen haben, sogar solche wie der Altvater Poemen vor 1600 Jahren: Als seine greise Mutter kurz vor ihrem Tod ihren Sohn in der Wüste aufsuchte, hat er sie fortgeschickt, ohne mit ihr ein Wort gewechselt zu haben. Ich erinnere mich auch an einen unserer Väter, der die Nachricht erhielt, daß sein älterer Bruder im Sterben lag, worauf er antwortete, daß er für die Welt schon vor längerer Zeit gestorben sei und daß ein Toter wohl kaum einen Sterbenden trösten könne. Aber das sind Einzelfälle. Im allgemeinen dürfen wir mit der Erlaubnis des Bischofs unsere Blutsverwandten besuchen, doch das wird in jedem Fall einzeln geprüft", belehrte uns Abûnâ Wissa.

Mit Spannung sahen wir dem Mittagessen entgegen. Dr. Chalmers tippte auf Reis mit Gemüse, Schwester Maria meinte es würde Spaghetti mit Tomatensoße geben, ich glaubte gehört zu haben, daß der Bischof Anweisung gegeben hatte, für uns ein Huhn zu schlachten. Die Betriebsamkeit der Klosterdiener ließ auf eine rege Kochaktivität schließen. „Sind Ihre Klosterdiener eigentlich Christen oder Muslime?" fragte Dr. Chalmer den Gastpater, der uns inzwischen einen mit Zimt angereicherten Tee servierte. „Unsere Klosterdiener sind alle Kopten. Sie sind Fellachen und stammen aus dem Nildelta. Einige haben schon mehrere Jahre auf unserer Klosterfarm in Kafr Dâûd gearbeitet. Sie kommen für einige Monate in die Wüste und kehren dann zu ihren Familien zurück. Sie verrichten die schwere Arbeit, die hier nun einmal anfällt, und bestellen den Klostergarten."

Schon im Äußeren unterschieden sich die Klosterdiener von den Mönchen. Während die Gesichter der Wüstenväter durch ihre mehr oder minder langen Bärte und Haare geprägt sind, waren die Diener rasiert. Auf ihrem geschorenen Kopf trugen sie, wie die Fellachen, die landesübliche braune Filzkappe. Schwester Maria wies uns auf den auffallend großen Ring hin, den der ältere Klosterdiener an seinem rechten Zeigefinger trug. „Das ist eine gravierte Siegelplatte mit seinem Namen in arabischen Buchstaben. Da er, wie die Mehrzahl der älteren Fellachen, Analphabet ist, leistet er mit Hilfe dieses Siegels seine Unterschriften", erklärte Abûnâ Wissa der Diakonisse.

„Haben Sie in Ihrem Kloster überhaupt Kontakt zu Muslemen?" war die zweite Frage, die mein Begleiter stellte. „Selbstverständlich! Die Beduinen, die wir zum Teil mit-

versorgen, und auch die Regierungsbeamten, die ab und zu hierher kommen, sind natürlich Musleme. Im Augenblick haben wir keine großen Schwierigkeiten, aber Sie dürfen nicht übersehen, daß das Klima in der Wüste doch anders ist als in der Stadt oder in den Dörfern."
Dr. Chalmers erinnerte sich gelesen zu haben, daß in einem der vier Klöster im Wâdî 'n-Natrûn ein Firman aufbewahrt werde, in dem der Prophet Muhammed eine Reihe von Privilegien für die Mönche bestätigte und die Mönche aufforderte, den Mekka-Pilgern Schutz und Hilfe zu gewähren. Abûnâ Wissa konnte sich an ein solches Dokument nicht erinnern und kommentierte lächelnd: „Wer hat Ihnen denn das erzählt, der Prophet konnte doch gar nicht schreiben." − Tatsächlich berichteten die Reisenden des 15. Jahrhunderts, daß im benachbarten Makarius-Kloster ein Firman mit dem Abdruck der mit Tinte benetzten Hand des Propheten von den Mönchen gezeigt wurde. Ich konnte dazu nur sagen, daß gerade im Mittelalter viele Firmane von der Hohen Pforte erworben werden konnten und daß es sich nicht lohne, die Frage der Echtheit zu überprüfen. Abûnâ Wissa wußte lediglich zu berichten, daß im 14. Jahrhundert der Sultan al-Malik an-Nâsir Muhammed ibn Qalawûn die Wüstenklöster besuchte, aber nähere Einzelheiten konnten wir auch nicht erfahren.
Plötzlich erhob sich unser Gastpater und entschuldigte sich, als er die beiden Klosterdiener, die inzwischen ihre Festtagsgalabia angelegt hatten, mit dem Essen kommen sah. „Ich möchte Sie nicht stören und wünsche Ihnen guten Appetit!" waren seine letzten Worte. Für unser Warten wurden wir reichlich belohnt. Es gab gekochtes Huhn, Reis mit Fadennudeln, weiße und braune Bohnen, Kartoffeln, Tomaten und als besondere Überraschung „mahshi meschakel", mit Reis, Zwiebeln und Petersilie gefüllte grüne Paprika.
Bevor sich der Gastpater uns wieder zuwandte, hatte Dr. Chalmers Gelegenheit, den beiden Klosterdienern je 50 Piaster unauffällig zuzustecken. „Hat Ihnen das Essen

126

geschmeckt?" fragte Abûnâ Wissa. „Vielen Dank, aber woher kam das Huhn?" wollte mein Begleiter wissen, „ich dachte es gäbe keine weiblichen Tiere in Ihrem Kloster." Der Mönch schmunzelte: „Nun, so genau nehmen wir es mit der Geschlechtlichkeit unseres Federviehs nicht, aber zu Ihrer Beruhigung, es war ein Hahn." Der gastfreundliche Wissa klatschte mehrere Male in die Hände und rief laut zur Tür hinaus: ,'Abd-'Allah, Zaki!" Die beiden Klosterdiener eilten herbei und räumten Teller und Schüsseln ab.

„Sagten Sie nicht, daß Ihre Diener Christen seien, aber das waren doch arabische Namen?" fragte die Diakonisse. Es ergab sich ein ausführliches Gespräch über die Bedeutung und den Gebrauch christlicher und islamischer Namen. „Wir müssen unterscheiden zwischen Namen, die ausschließlich christlich, und solchen, die rein islamisch sind. Dann gibt es aber noch eine dritte Kategorie, das sind Namen, die sowohl von Christen als auch von Muslemen gebraucht werden. Die Kopten haben Namen von vielen Traditionen und Kulturkreisen übernommen. Aus dem Pharaonischen kommen Namen wie Amûn (Amon), Bakhûm (Pachomius) oder Ramsîs (Ramses). Auch aus dem semitischen Raum, aus dem Alten Testament, haben wir Namen adoptiert, ich denke dabei an 'Azer (Eleaser), Baniamîn (Benjamin), Yunân (Jona) oder Yûâqîm (Joachim). Selbstverständlich sind alle neutestamentlichen Namen bei uns vertreten, die Namen der Jünger Jesu und der Apostel, wie Bûlus (Paulus) und Bûtrus (Petrus). Aber auch die Namen der griechischen und römischen Antike und die der frühchristlichen Bekenner, Kirchenväter und Märtyrer sind bei uns weitverbreitet. Und letzlich gibt es natürlich eine Reihe von römischen und griechischen Namen, die ins Arabische übersetzt wurden. So ist aus Christodoulus 'Abd-al-Masîh = „Diener des Messias" geworden.
Als Abûnâ Wissa uns über die vielfältige Herkunft der koptischen Namen belehrte, erinnerte ich mich gelesen zu haben, daß von allen koptischen Namen über ein Drit-

tel pharaonischen Ursprungs sind, fast ein weiteres Drittel aus der griechischen Überlieferung stammt und der Rest aus dem römischen, semitischen und arabischen Kulturkreis übernommen worden war. – „Die islamischen Namen sind natürlich jene, die im Koran erscheinen oder in der Geschichte der Kalifen und Sultane eine Rolle spielen", erläuterte Abûnâ Wissa nebenbei. Schwester Maria wiederholte ihre Frage: „Aber wieso gibt es denn arabische Namen, die sowohl von Christen als auch von Muslemen gebraucht werden?" – „Sie haben ganz recht, Christen sollten durch ihren Namen erkennbar sein, und es ist eine irreführende Sitte, die sich leider bei vielen Kopten in den letzten Jahrzehnten verbreitet hat, daß sie ihren Söhnen Namen geben, die auch Musleme verwenden. Natürlich ist 'Abd 'Allah = Diener Gottes, auch ein christlicher Name, und dasselbe gilt für Abdu = Sein Diener, Amîn = gläubig, Awad 'Allah = Geschenk Gottes, Fakhrî = mein Stolz usw. – Man kann das natürlich nicht verschweigen, die Musleme glauben genauso wie wir an die Allmacht und an die Barmherzigkeit des einen Gottes. Wir glauben aber, daß sich dieser Gott in Jesus Christus offenbart hat, der für uns gelitten, gestorben und auferstanden ist. Die Musleme glauben das nicht, sie berufen sich auf den Koran als die letzte und definitive Offenbarung Gottes. Sie sehen, für die Juden und die Musleme ist die Offenbarung ein Buch, für uns ist die Offenbarung eine Person, nämlich Jesus Christus."

Während Abûnâ Wissa uns in die Bedeutung der christlichen Namen einführte und einige Bemerkungen zu den grundsätzlichen Unterschieden zwischen dem christlichen Glauben und dem Islam machte, ließ sich Abûnâ Barsûm, einer der älteren Mönche des Klosters, etwas verschüchtert bei uns nieder. Er stammte aus einem oberägyptischen Dorf, nördlich von Luxor, und hatte über vierzig Jahre als Mönch, erst im Baramûs-Kloster, dann im Bischoi-Kloster, gelebt. Anknüpfend an die Ausführungen seines jüngeren Klosterbruders erzählte er uns, wie in seiner Familie die Kinder ihre Namen erhalten: „Bei uns wird dem neugeborenen Kind der Name am siebten Tag gegeben, und zwar, wenn es zum ersten Mal gebadet wird. Das Wasser, in das das Kind getaucht wird, gießen wir nicht fort, sondern bewahren es in einer glasierten Tonschale auf. Wenn das Kind ein Junge ist, setzen wir in die Schale einen *ibrik*, eine große kupferne Kanne, wenn es ein Mädchen ist, benutzen wir lediglich eine *gullah,* einen kleinen Tonkrug. In beiden Fällen schmücken wir die Gefäße mit dem entsprechenden Geschlechtssymbol, bei den Knaben setzen wir der Kanne einen roten Fez auf, bei einem Mädchen schmücken wir den Krug mit Ohrringen oder einem Taschentuch. Am Rand der Schale stellen wir drei Kerzen auf. Die Eltern geben dann jeder der drei Kerzen einen Namen, und der Name der Kerze, die am längsten brennt, ist der Name des Kindes."

Abûnâ Wissa schmunzelte, als er die Beschreibung der oberägyptischen Namensgebung von seinem Wüstenbruder hörte. „Bevor Sie uns verlassen, schreiben Sie noch Ihre Namen in unser Gästebuch", bat der Gastpater. „Außerdem wollte ich Ihnen noch ein handgeschriebenes Synaxar, einen Heiligenkalender, zeigen. In unserem Kloster haben seit Jahrhunderten viele Mönche wertvolle Texte kopiert. Einer der großen Kalligraphen war unser Papst Makarius III. (1942−1945), der aus diesem Kloster stammte."

Wir signierten das Gästebuch mit passenden Dankes- und Lobeshymnen. Abûnâ Wissa zeigte uns den in arabischer Sprache geschriebenen Heiligenkalender und wies auf die Flechten- und Rankenmuster hin, mit denen der Text künstlerisch umrahmt war. Am Ende des Kalenders lasen wir folgende Worte: „Dieses Buch soll ein ewiges Erbe sein für das zeitlose Zeugnis des wahrhaft großen und gottesfürchtigen heiligen Bischoi in seinem Kloster, das in der sketischen Wüste im Wâdî 'n-Natrûn liegt. Niemand hat das Recht, dieses Buch von dem ewigen Erbe dieses Klosters zu entfernen. Sollte dennoch jemand eine solche frevelhafte Handlung ausführen, so wird ihn das Schicksal des ungläubigen Diokletian, des Apostaten Herodes, des Magiers Simeon und des Verräters Judas ereilen. Derjenige aber, der diese Worte befolgt, der wird den Segen und den Lohn des barmherzigen Gottes mit Gnaden empfangen. Amen! Amen! Amen!"

Dr. Chalmers erkannte in den zitierten vier Persönlichkeiten sofort die „Viererbande" des orthodoxen Glaubenseifers, deren Sünden immer wieder ins Gedächtnis der Gläubigen gerufen werden. „Diese abschreckenden Mahnungen wurden geschrieben, um unsere Mönche einzuschüchtern. Sie wissen, unsere Bücher befinden sich heutzutage in Europa", erklärte der Gastpater. Abûnâ Barsûm nickte mit dem Kopf und zog mit seiner linken Hand an seinem langen Bart, der fast bis zum Bauchnabel reichte. Sein zerrissenes, zerlumptes und staubiges Mönchsgewand, seine ausgetretenen und kaputten Schuhe, seine alte schmierige Filzkappe, ja, sein ganzes ärmliches Äußere erweckten in unserer Diakonisse Sorge und Mitgefühl. Dr. Chalmers sah in ihm einen von der Zivilisation unverdorbenen Wüstenvater, wie man ihn nur noch selten antrifft. Abûnâ Wissa, den die Anwesenheit des alten Mönchs unangenehm berührte, versuchte die äußere Erscheinung seines Mitbruders zu entschuldigen, indem er uns auf den Lebensstil der alten Väter hinwies: „Die Verachtung des Körpers, der Sauberkeit und der Pflege hatte doch ihren Grund in der dualistischen Grundhaltung der Frühkirche, die den Körper als den Sitz des Bösen und der Sünde betrachtete, im Gegensatz zum Geist als den Träger aller edlen Bestrebungen. Außerdem wandte sich unsere Einstellung gegen den überlieferten heidnischen Körperkult der Griechen und der Römer. Von dem heiligen Antonius wissen wir, daß er seinen Körper nie gewaschen hat, nicht einmal seine Füße sind mit Wasser in Berührung gekommen. Der heilige Amon, der sich nie nackt gesehen hat, rechtfertigte seine Haltung mit den Worten: ‚Es

130

ziemt sich nicht für einen Mönch, seinen Körper nackend zu sehen'. Auch unser heiliger Evagrius konnte von sich behaupten: ,Von dem Zeitpunkt an, da ich in die Wüste zog, habe ich mich weder gewaschen, noch habe ich Früchte, Gemüse oder Weintrauben gegessen.' Aber bitte, meinen Sie nicht, daß diese Einstellung zum Leben auf uns Kopten beschränkt sei", fuhr Abûnâ Wissa fort, „denn auch der heilige Hieronymus sagte, daß die Sauberkeit des Körpers eine Befleckung der Seele bedeute; denn wer einmal im Blut Christi gewaschen ist, und zwar durch die Taufe, empfindet kein Bedürfnis mehr, sich wieder zu waschen."

Sprachlos sahen wir den Gastpater an. Durch diese Ausführungen erschien uns Abûnâ Barsûm in einem neuen Licht. „Ein Stück lebendige Kirchengeschichte", meinte Dr. Chalmers. Schwester Maria bestand auf ihrem protestantischen Grundsatz, daß „cleanliness next to godliness" sei und zitierte den Vers aus Vridans ,Bescheidenheit': „Gut Gebet und gutes Bad selten einen Schaden hat!" – „Diese ostkirchliche Einstellung zur Sauberkeit sollte uns doch nicht so fremd erscheinen", warf ich ein, „denn eine gewisse Unsauberkeit gehörte auch im westlichen Mittelalter zur Askese und konnte als gutes Werk zur Reinigung der Seele gelten. Auch bei uns herrschte unter den Mönchen eine körperliche Verwahrlosung, und nur den Benediktinern war es erlaubt, täglich Kopf und Gesicht zu waschen, und warme Bäder gab es in ihren Klöstern nur vor hohen Feiertagen. Ich denke gerade an die heilige Elisabeth, die sich lange nicht zum Baden entschließen konnte, und als sie endlich sich dazu geneigt zeigte, tauchte sie nur einen Fuß ins Wasser."

Als wir uns dem Klostertor näherten, erschien Abûnâ Yûâqîm mit dem großen hölzernen Torschlüssel. „Kehren Sie bald wieder zurück, dann bereite ich Ihnen wieder einen Kaffee, aber einen mönchischen!"

DAIR AL-BARÂMÛS

„Im Barâmûs-Kloster — Strukturen des Klosterlebens"

Panayiotis, der griechische Oberkellner des Half-Way-Rasthauses an der Wüstenstraße zwischen Kairo und Alexandrien, begrüßte mich höflich mit einem „kalyiméra, ti kanete", und bevor ich Gelegenheit hatte meine Bestellung aufzugeben, rief er Hassan, den arabischen Kellner zu sich mit den Worten: „Zwei tiròpites und einmal schay". Panayiotis kannte meine Schwäche für die griechischen Käsepastetchen. „Welches der vier Klöster wollen Sie denn heute morgen besuchen?" fragte er interessiert. Er blickte auf mein Gepäck und folgerte richtig: „Sie wollen wohl mehrere Tage in der Wüste bleiben?" Ich nickte und antwortete: „Zuerst nach Dair al-Baramûs. „Das ist aber zu weit zu gehen. Die beiden Väter, da drüben am Fenster, sind von Dair al-Barâmûs und warten schon seit gestern abend auf eine Fahrgelegenheit", wußte Panayiotis zu berichten. „Hat Scheich ʿAbd Allah, der Dorfälteste von Wâdî ʾn-Natrûn, nicht einen Jeep?" fragte ich den Oberkellner, der seit zwei Jahrzehnten im Rasthaus seinen Dienst versah und somit nicht nur alle Wüstenväter kannte, sondern auch über alle Mittel undWege bestens informiert war. „Der Jeep ist schon seit über einer Woche kaputt, ich schlage vor, wir besorgen Ihnen drei Esel, und Sie reiten mit den beiden Vätern gemeinsam zum Kloster." Ich war einverstanden, Panayiotis klatschte zweimal in die Hände und Marwân, der Boy des Rasthauses, kam freudestrahlend angesprungen, denn er witterte einen guten Bakschisch. „Lauf runter zum Dorf, aber nimm deine Beine in die Hand, und drei Esel für den Doktor!" lautete der Befehl des Griechen.
In der Zwischenzeit gesellte ich mich zu den beiden Mönchen und überbrachte ihnen die erfreuliche Nachricht, daß ich drei Esel bestellt hatte. Abûnâ Salîb war ein junger Mönch, der die Kairoer Universität besucht hatte. Er

sollte dem greisen Abûnâ Hannâ während der beschwerlichen Reise beistehen. Abûnâ Hannâ litt an einer Ve-
nenentzündung und hatte die letzten Wochen in der Klosterniederlassung in Tukh Dalaka im Nildelta verbracht.
Mit einem Bus waren die beiden Mönche über Tanta und
Kafr az-Zaiyat nach al-Khatatba gefahren, wo sie dann
einen Lastwagen fanden, der sie am Half-Way-Rasthaus
absetzte.

Während wir auf die Esel warteten, berichtete Abûnâ
Salîb über die Klosterniederlassung: „Ich weiß nicht, seit
wann die Niederlassung in Tukh besteht, unsere Marienkirche wurde 1876 eingeweiht, aber das Land und die
Gebäude sind wesentlich älter." Abûnâ Hannâ meinte,
daß schon im 4. Jahrhundert die Kaiserin Helena, die
Mutter des großen Konstantin, den Mönchen das Land
im Niltal vermacht habe. Dank meiner langjährigen Erfahrung konnte ich diese Aussage richtig einordnen,
denn er meinte damit lediglich, daß diese Niederlassung
sehr alt sei. Ich erinnerte mich, daß schon die Reisenden
des 17. Jahrhunderts von Kairo oder von Alexandrien
kommend, erst zu den Klosterniederlassungen im Nildelta fuhren, um von dort mit Eseln oder Kamelen ihren
Weg in die Wüste anzutreten. „Einmal im Monat kommt
heutzutage ein Lastwagen von Tukh und versorgt uns in
der Wüste mit dem Notwendigen, früher war es die mo-
natliche Kamelkarawane", fügte Abûnâ Salîb hinzu.

Während wir immer noch auf die Reittiere warteten,
fragte ich den auffallend dunkelhäutigen und gesprächi-
gen Salîb nach dem Grund seines Klostereintritts. „Ich
bin der älteste Sohn; nachdem mein Vater schon viele
Jahre verheiratet war und immer noch keinen Stammhal-
ter hatte, gelobte er, wenn Gott ihm einen Sohn schenke,
er ihn Gott übergeben würde. So bekam ich auch den
Namen ‚Schehata', das heißt ‚der von Gott erbetene'.
‚Salîb' = ‚Kreuz' ist mein Klostername. Aber da gibt es
eine Vielzahl von Gründen, die Menschen bewegen, in
die Wüste zu ziehen. Einige haben eine entscheidende

religiöse Erfahrung gemacht, einen Traum gehabt oder eine Erscheinung erlebt wie mein Freund Abûnâ Diûsqûrûs. Andere haben in der Welt gesündigt und fliehen in die Wüste, um Buße zu tun."

Abûnâ Hannâ, der interessiert unser Gespräch verfolgte, warf die Geschichte von dem äthiopischen Sklaven Mose dem Räuber ein, der seinem Meister entlaufen war, mordete und raubte bis er eines Tages St. Makarius und St. Isidor traf, denen er in die Wüste folgte und somit einer der ersten Wüstenväter wurde. – „Oder denken Sie an unseren Altvater Antonius, der das Wort der Heiligen Schrift vernahm und seine Habe verkaufte und den Ertrag den Armen gab und in die Wüste ging. Zwei Mönche unseres Klosters waren von dem Vorbild einiger Wüstenväter so angetan, daß sie diesem Beispiel folgten. Denken Sie doch nur an die persönliche Ausstrahlung des Abûnâ Mattâ al-Maskîn, der viele junge Akademiker so beeinflußte, daß sie ihren Beruf aufgaben und mit ihm in die Wüste zogen", erklärte Abûnâ Salîb. Abûnâ Hannâ lauschte interessiert. „Viele unserer Väter gingen aber auch in die Wüste, weil die Kirche in der Welt nicht mehr die Kirche Jesu Christi war", wußte der junge Salîb noch hinzuzufügen. „Sie meinen also aus Protest gegen die Verweltlichung und Laxheit der Kirche und um sich völlig einer idealen christlichen Gemeinschaft anschließen zu können?" fragte ich. Der graubärtige Wüstenvater nickte zustimmend, entschuldigte sich und stand auf.

Sichtbar erleichtert fuhr Abûnâ Salîb fort: „Jetzt denken Sie aber bitte nicht, daß unsere Klöster nur Engel Gottes beherbergen. So ist das auch nicht. Ich mochte das nicht in Gegenwart von Abûnâ Hannâ sagen. Aber wir haben natürlich auch Brüder, die in die Wüste gehen mit dem Vorsatz, eines Tages Bischof oder sogar Patriarch zu werden; denn Sie wissen, der höhere Klerus unserer Kirche kommt traditionsgemäß aus der Wüste. Und dann gibt es auch noch eine Reihe von Vätern in allen Klöstern, die aus wirtschaftlichen oder auch psychologischen Gründen in der Welt nicht zurechtkamen und die Geborgenheit und den Schutz des Klosterlebens gewählt haben. Aber darüber spricht man nicht gern."

Als Abûna Hannâ zurückkam, er hatte sich noch ein paar Kekse gekauft, erschien Marwân mit einem 10jährigen Jungen. „Die Esel sind da!" rief er durch den Speisesaal. Marwân erhielt seine 10 Piaster und trug die Taschen und Pappkästen der Mönche zu den geduldigen Vierbeinern. Einige hundert Meter Asphaltstraße, dann ging es quer durch die Wüste. Abwechselnd ritten wir durch weichen und tiefen Sand, dann über Geröll und harten Boden. Das Kloster mit seinen über die Mauer ragenden zwei Glockentürmen erschien uns zunehmend klarer und deutlicher.

„Sie sollten auch wissen, diesen Weg ist unser Vater Kyril VI. oftmals zu Fuß gegangen", kommentierte Abûna Salîb. „Er wurde in Tukh geboren, wo wir unsere Niederlassung besitzen, ging dann zur Schule erst in Damanhûr, später in Alexandrien und arbeitete dann eine zeitlang bei dem Reiseunternehmen Thomas Cook." „Und wie kam er auf den Gedanken, in die Wüste zu gehen?" fragte ich. „Er hatte die Lebensbeschreibungen der Wüstenväter gelesen, und diese Eindrücke haben ihn so überwältigt, daß er zu Papst Johannes XIX. ging mit der Bitte, ihn in das Barâmûs-Kloster einzuweisen. Sein Beichtvater war hier der bekannte Mönch Abûna ʿAbd al-Masîh al-Masʿudî al-Barâmûsî." Abûna Hannâ folgte den Erzählungen seines jungen Bruders. „Viele Jahre hat der heilige Vater in unserem Kloster gelebt, aber später war er auch für viele Jahre draußen." „Wieso draußen?" wollte ich wissen. „Wir haben mehrere Höhlen in der näheren und weiteren Umgebung unseres Klosters, und Abûna Mînâ al-Muttawahad al-Barâmûsî, das war der Mönchsname des Papstes, lebte in der Höhle von Abûna Sarabâmûn, der gerade zuvor gestorben war. Aber der Vater, der unseren Papst am meisten beeinflußte, war Abûna ʿAbd al-Masîh al-Habashî, ein äthiopischer Einsiedler. Er bewohnt seit über dreißig Jahren dieselbe Höhle. Viele unserer Mönche sehen in ihm ihr Vorbild", erwiderte Abûnâ Hannâ, der immer mehr auflebte je mehr wir uns dem Kloster näherten. Der junge Salîb spürte mein Interesse, den äthiopischen Einsiedler zu besuchen. „Nun, wir müssen mal sehen, vielleicht morgen oder übermorgen, entweder in der Morgenstunde oder vor Sonnenuntergang."

Als wir uns den gewaltigen Klostermauern näherten, vernahm ich das Läuten der Kirchenglocken. Von der über 10 m hohen und 2 m breiten Mauer hatten einige Wüstenbrüder unsere Ankunft gemeldet, und Abûnâ Hannâ zu Ehren wurden die Glocken geläutet, als sich mehrere Mönche vor dem Klostertor versammelten. Wir stiegen von unseren Eseln und die Brüder verneigten sich tief vor dem Altvater, umarmten ihn und küßten ihn, offensichtlich erfreut, ihren Sakristan oder *kanasi* wieder unter sich zu wissen. Einige junge Mönche nahmen sich des Gepäcks an. Der Abt des Klosters begleitete mich durch den mit Weinranken überdachten Klostergarten zum Gästehaus, wo sich die Senioren versammelt hatten, um ihren Abûnâ Hannâ mit Tee und Kaffee zu begrüßen. Abûnâ Salîb stellte mich seinem Freund Abûnâ 'Azar vor, der als Bibliothekar oder *amin al-maktabah* fungierte. Abûnâ 'Azar stammte aus der oberägyptischen Stadt Girga. Bevor er dem Kloster beitrat, war er Gymnasiallehrer und sprach somit fließend englisch und französisch.

„Also Sie sind der Bibliothekar", sagte ich und fragte neugierig nach den übrigen Ämtern in diesem Kloster. „Der Abt ist eigentlich unser Bischof, der hält sich aber die meiste Zeit in unserer Niederlassung in Tukh auf, so daß praktisch gesehen sein Verwalter, der *amin ad-dair*, hier in der Wüste für das geistliche und organisatorische Leben verantwortlich ist. Er gibt unserem Torwächter oder *hâris al-bab* Anweisungen, Besuchern Eintritt zu gewähren. Ihm untersteht auch die wirtschaftliche Verwaltung des Klosters. Außerdem haben wir einen Beichtvater, der vom Bischof eingesetzt ist. Das ist im-

Abûnâ Azar as-Samwîlî

mer einer der älteren Mönche. Abûnâ Tâdrus, der den Tee reicht, ist unser *makhazangi*; er kümmert sich um unsere Vorräte. Und Abûnâ Hannâ kennen Sie ja, er ist verantwortlich für alles, was unsere Kirchen und die Gottesdienste betrifft. Abûnâ Yustus, der blinde Mönch in der Ecke, ist unser Kantor oder *murattil*." „Es ist doch erfreulich, daß die Blinden hier von der Gemeinschaft nicht nur akzeptiert, sondern auch gebraucht werden", warf ich ein. „In fast allen Klöstern sind die Psaltisten und Kantoren blinde Mönche", erwiderte Abûnâ 'Azar. „Ich hätte beinahe unseren Bäcker vergessen, den *qarabni*, er bäckt das eucharistische Brot nach den Vorschriften unserer Vorväter."

„Wenn Sie Ihren Tee getrunken haben, begleite ich Sie durch das Kloster", bot sich Abûnâ 'Azar an. „Lassen Sie uns zuerst zur Marienkirche gehen, das ist unsere älteste Kirche!" Wir gingen durch ein Gewirr von Gebäuden, bis Abûnâ 'Azar seine Schuhe auszog, ein Zeichen, daß wir vor der Kirchentür angekommen waren. „Diese Kirche enthält eigentlich drei Kirchen, die Hauptkirche, dann nördlich vom Kirchenschiff die Theodoruskapelle und die Georgskapelle. Aber diese beiden Kapellen benutzen wir heutzutage nicht mehr. Und hier hinten", Abûnâ 'Azar drehte sich um und zeigte nach Westen, „hier ist unser Taufbecken." Ich sah ihn überrascht an: „Wieso haben Sie hier in der Wüste Verwendung für ein Taufbecken?" „Nur zwei der vier Wüstenklöster besitzen ein Taufbecken, das Bischoi-Kloster und wir. Eltern bringen schon ihre Söhne hier ins Kloster, häufig in Erfüllung eines Versprechens, das sie Gott gegeben haben." – „Und nicht ihre Töchter?" fragte ich. Der sonst so emanzipiert erscheinende Bibliothekar sah mich lachend an und meinte: „Töchter sind ja nun wirklich kein Gottesgeschenk, sie sind der Grund aller Sünde. Eltern bringen ihre Töchter nicht in ein Kloster. Vor einigen Wochen kamen mehrere Eltern in dieWüste, um ihre Kinder taufen zu lassen. Sie wissen ja, im Gegensatz zu Ihrer Kirche taufen wir in der koptischen Kirche durch ein dreimaliges Untertauchen. Beim ersten Untertauchen wird das Kind bis zum Bauchnabel, beim zweitenmal bis zum Hals und beim letztenmal völlig untergetaucht. Um ihm dabei den Segen des Kreuzes zu verleihen, nimmt der Priester das rechte Handgelenk und den linken Fuß des Kindes in eine Hand und das linke Handgelenk und den rechten Fuß in die andere Hand. Anschließend wird der Täufling durch die Salbung mit dem geweihten Öl konfirmiert und empfängt die Heilige Kommunion mittels eines Löffels", erklärte der Bibliothekar.

An der Nordwand stand eine mit Elfenbein oder Knochen eingelegte Vitrine mit einem großen Glasfenster, durch das ich zwei lange zylinderförmige und in Samt eingeschlagene Röhren sah. „Dies sind die Reliquien von Mose dem Schwarzen, dem Äthiopier, und von Theodosius", erläuterte Abûnâ 'Azar und fuhr gleich fort. „Aber die Gebeine der beiden Klostergründer Maximus und Domitius, nach denen unser Kloster benannt ist, die liegen unter dem Hauptaltar begraben."

In der Ecke standen mehrere Gebetsstützen, 1.50 m lange Stäbe, die oben einen 20 cm langen Querbalken hatten. Da es in den Klosterkirchen keine Sitzgelegenheiten gibt, benutzen die Mönche diese Gebetsstützen, auf denen sie das Gewicht ihres Körpers während der langen Gottesdienste ruhen lassen können. Während Abûnâ 'Azar in groben Umrissen die Geschichte des Klosters erläuterte, probierte ich einige dieser durch die Jahrhunderte bewährten Gebetsstützen aus.

„Das Wort Barâmûs ist aus dem Koptischen hergeleitet. ‚Paromais' bedeutet nämlich, daß dieses Kloster den Römern gehörte und zwar den römischen Kaisersöhnen Maximus und Domitius, die im 4. Jahrhundert das mönchische Leben in dieser Wüste suchten. Nach ihrem Tod weihte St. Makarius ihre Einsiedelei und befahl, den Ort ‚Römerkloster' zu nennen." Interessiert lauschte ich den Worten des Bibliothekars und verlagerte mein Gewicht von einem Bein auf das andere, um mir vorstellen zu können, wie die Mönche die stundenlangen Gottesdienste überstehen. „Und wer waren diese Kaisersöhne?" fragte ich. „Einige meinen, die Söhne des römischen Kaisers Valentinian (364-375), andere vertreten die Ansicht, daß sie legendäre Personen waren. Auf jeden Fall geht die Gründung unseres Klosters auf das 4. Jahrhundert zurück. Die frühen Mönchsgeschichten sind durch spätere Rezensionen so ausgeschmückt, daß wir häufig nicht mehr wissen, wo Geschichte aufhört und Legende beginnt." Ich war erstaunt, eine so selbstkritische Antwort von einem Wüstenvater zu erhalten; denn nur selten habe ich eine analytische Beurteilung der eigenen religiösen Traditionen von einem orientalischen Theologen gehört.

„Wie alle Klöster in dieser Wüste, so wurde auch das Kloster Barâmûs mindestens fünfmal, wenn nicht sogar sechsmal, in den folgenden 450 Jahren zerstört und immer wieder aufgebaut. In den ersten Jahrhunderten waren es die Berber, die aus der libyschen Wüste kamen und die Mönche ermordeten und die Klöster verwüsteten, später waren es die Araber. Darum haben auch alle Wüstenklöster die hohen Verteidigungsmauern und den Wehrturm, den man ja bis zum heutigen Tage nur über eine Ziehbrücke erreichen kann. In diese Türme haben sich bei drohender Gefahr unsere Väter zurückgezogen." „Aus einer solchen Lage wurde natürlich eine Angst geboren, die sich im Mißtrauen allen Fremden gegenüber widerspiegelt", stellte ich fest. „Das stimmt zum Teil nur", antwortete Abûnâ 'Azar, „wirklich nur zum Teil, denn vom 17. Jahrhundert an wurden wir mehr von europäischen Bibliophilen und Missionaren bedroht und belästigt als von Berbern und Arabern. Sie kennen doch die Sammlungen koptischer Manuskripte in Manchester, London, Paris oder Rom. Was denken Sie denn, die sind doch nicht von allein dort hingekommen, oder? Und zusätzlich besuchten uns dann die Franziskaner und Jesuiten, die uns mitleidig als Häretiker betrachteten und uns in den Schoß der alleinseligmachenden römischen Kir-

140

che zurückführen wollten. Und schließlich kamen im 19. Jahrhundert noch die Protestanten, die uns, die wir die Bibel über 1500 Jahre regelmäßig gelesen haben, etwas von der Heilsnotwendigkeit des Bibellesens erzählen wollten. Das haben wir doch alles über uns ergehen lassen müssen, und außerdem versuchten die Beduinen immer wieder, in unser Kloster einzudringen."

Ich wurde an die Erfahrungen des französischen Marineoffiziers C. S. Sonnini erinnert, der das Kloster Barâmûs 1778 besuchte. Nachdem er schon in der Wüste von Beduinen ausgeplündert worden war, mußte er vor Eintritt in das Kloster den Mönchen beweisen, daß er ein Europäer war, d. h. unbeschnitten! Für den Offizier eine äußerst peinliche Situation. Während Abûnâ 'Azar mich mit Namen und Daten der Klostergeschichte überschüttete, sah ich mich im Kirchenschiff um und bemerkte die vielen vom Weihrauch braungefärbten Straußeneier die von der Decke herabhingen. „Unser Kirchenvater Severus hat uns eine Erklärung über die Bedeutung dieser Symbole gegeben", schob Abûnâ 'Azar in seine Ausführungen ein:

„Das Ausbrüten der Straußeneier erfolgt dadurch, daß Männchen und Weibchen die Eier auf einen Haufen legen. Dann setzt sich das Männchen auf die eine Seite, das Weibchen auf die andere und beide blicken unverwandt auf die Eier. Wenn der Blick eines von ihnen von einem Ei abgleitet, verdirbt das Ei. Wenn sie diese aber fest anblicken, schlüpfen alle Jungen aus. Alle Eier, die nicht ausgebrütet wurden erbeuten die Jäger und verkaufen sie der Kirche. In der Kirche aber werden sie nicht zur Zierde, sondern zum Gleichnis aufgehängt. Ein verdorbenes Ei, das der Blick seiner Eltern nicht umfing, ist ein Hinweis für jeden, der betet, daß sein Gebet wie das Straußenei verdirbt, wenn sein Sinn im Gebet abschweift."

„Gab es in dieser Wüste denn überhaupt Strauße?" wollte ich wissen. „Ich habe weder Strauße noch Straußeneier hier gesehen, ich kenne sie nur aus dem Zoo, aber Abûnâ Mûsâ, unser ältester Mönch — er verläßt seine Zelle nicht mehr, — Abûnâ Mûsâ hatte in seiner Jugend mehrere Straußennester in dieser Umgebung gefunden, und Sie wissen vielleicht, daß Heinrich Freiherr von Minutoli, als er 1820 diese Wüste durchwanderte, Gruppen von zehn bis fünfzehn Straußen beobachtet hat. Sogar Jesuitenpater Michael Jullien berichtete vor weniger als hundert Jahren noch von Straußenspuren in der Nähe unseres Klosters."

Bevor ich die „neue" Kirche zu sehen bekam, besuchten wir noch das Refektorium. „Heute wird dieser Raum nicht mehr benutzt, jeder Mönch sorgt für sich selbst", erläuterte Abûnâ 'Azar. „Aber vor 200 Jahren aßen noch alle Mönche gemeinsam; Sie sehen dort am Tischende das steinerne Lesepult, von dem aus las einer der Väter bei der Mahlzeit die Heiligengeschichte des betreffenden Tages aus unserem Synaxar. Es gibt heute auch bei uns Bestrebungen, wieder in Gemeinschaft zu essen."

Die „neue" Kirche, die Johannes dem Täufer geweiht ist, wurde von Papst Kyril V. Ende des letzten Jahrhunderts gebaut. Ich fand sie ausgesprochen geschmacklos, unterdrückte aber meine abwertende Kritik, als ich merkte, daß Abûnâ 'Azar die hellblauen Wände und die farbenprächtigen, für unseren Geschmack kitschigen Malereien als ein Zeichen nachahmenswerter europäischer Kunst ansah.

„Für viele Jahre war unsere Bibliothek in dieser Kirche untergebracht, aber seit einiger Zeit haben wir einen besonderen Raum für unsere Bücher. Einer der belesensten unserer Mönche, man sagt, er sprach und las sieben Sprachen, war Abûnâ 'Abd al-Masîh ibn Salîb. Er katalogisierte alle 3.000 Titel, und somit besitzen wir die beste Klosterbibliothek. Viele Bücher sind in Koptisch, Syrisch, Arabisch, Englisch und Französisch. Aber wer liest sie schon?" kommentierte der Bibliothekar resigniert.

142

Refektorium in einem Wüstenkloster

Auf unserem Weg zu meinem Zimmer im Gästehaus, erinnerte ich Abûnâ 'Azar an meinen Wunsch, den äthiopischen Einsiedler aufzusuchen. „Abûnâ Mitias wird Sie führen, der kennt nicht nur den Weg, sondern auch Abûnâ 'Abd al-Masîh. Hoffentlich empfängt er Sie überhaupt. Nach so vielen Jahren Einsiedlerleben ist er überaus menschenscheu geworden, und bei den Klosterbrüdern kursieren die unglaublichsten Anekdoten über den Äthiopier. Morgen früh, ich benachrichtige Abûnâ Mitias, können Sie um 6 Uhr hier losgehen, es sind an die 5 km, teilweise durch tiefen Sand. Ich wünsche Ihnen einen erfolgreichen Tag!"

Wenige Minuten vor 6 Uhr traf ich Abûnâ Mitias am Klostertor. „Diese Fladenbrote und den Kanister mit Wasser sollten wir mitnehmen, dann braucht er übermorgen nicht zum Kloster zu kommen", meinte der gutmütige Mitias. Die Sonne war hinter uns aufgegangen, und die Wüste erwachte aus ihrem Schlaf. Wir empfanden die kühle Morgenbrise erfrischend, als wir durch die weichen Sanddünen wanderten. Nach fast zweistündigem Marsch wies Abûnâ Mitias auf einige dunkle Punkte am Horizont. „Und was ist das?" fragte ich. „Das sind drei Öltrommeln — noch aus dem zweiten Weltkrieg —, daran erkenne ich, wo die Höhlen sind", antwortete Abûnâ Mitias und wies mit seiner rechten Hand in die Richtung der dunklen Punkte. „Wir müssen uns etwas links halten, denn rechts von uns ist Treibsand, und das könnte gefährlich werden. Die Beduinen erkennen die Gefahr sofort, aber vor einem Jahr sind unweit von hier zwei Engländer, die auf Gazellenjagd waren, im Treibsand verschollen."

Abûnâ 'Abd al-Masîh saß bewegungslos vor seiner Höhle und beobachtete uns, als wir uns ihm näherten. „Ahlan, ahlan!" Abûnâ Mitias gab ihm die Hand, mich begutachtete der dunkelhäutige Äthiopier für längere Zeit, wandte sich dann fragend zu meinem Begleiter: „Wer ist das, was will der hier?" Abûnâ Mitias erklärte, daß ich Deutscher sei und für einige Tage im Kloster wohne.

144

„Unmöglich", murmelte der in einer grauen Wolldecke eingehüllte Einsiedler vor sich hin. Inzwischen hatte er seine Gebetskette, die einem Rosenkranz glich, hervorgeholt und spielte verlegen mit den abgenutzten Holzperlchen. „Deutsche gibt es hier nicht, Deutsche glauben nicht an Gott!" Später erfuhr ich, daß während des zweiten Weltkrieges eine englische Patrouille ihn in seiner Höhle aufgesucht hat, in der Annahme, er sei ein deutscher Spion.

Nachdem wir ihm die Fladenbrote und den Wasserkanister übergeben hatten, holte Abûnâ Mitias zwei Sardinenbüchsen aus seiner Tasche und legte sie vor ihm in den Sand. „Und was soll das?" fragte der Einsiedler erbost. „Du weißt genau, daß das vom Satan ist, der Fisch und das Öl. Du weißt, was sie tun, die stärken deinen Körper und machen dich geil, der Teufel kommt dann während der Nacht, und du bist ihm ausgeliefert. Ich habe dir das schon häufig gesagt, und immer wieder kommst du mit Obst oder mit Dosen. Ihr Mönche, ihr seid gar keine Mönche, ihr seid Werkzeuge des Satans."

„Aber du mußt doch etwas essen, sonst wirst du krank", erwiderte Abûnâ Mitias mit Nachdruck. „Gott gibt mir schon das tägliche Brot, dazu brauche ich dich nicht. Und wenn ich krank bin, um so besser; um so mehr erfreue ich mich der Gegenwart Gottes, und was ist schöner als die Gegenwart Gottes zu erleben?" war die schroffe Antwort des Äthiopiers. „Alle Mönche, die mich besuchen, sind vom Teufel, ihr meint mir helfen zu müssen, aber ihr wißt doch, ich lebe von Gott. Man kann nicht von Gott und gleichzeitig von den Menschen leben." Abûnâ Mitias hörte schweigend zu, er hatte diese Worte schon mehrere Male gehört. Mit seinem Zeigefinger malte er Kreise in den hellen Wüstensand. Ich wußte nicht, was ich sagen sollte, denn ich genierte mich, Fragen zu stellen. „Letztes Mal, als du hier warst, wolltest du mich zum Arzt schleppen, du gefährlicher Teufel. Du siehst, ich lebe immer noch, denn mein Arzt ist Jesus Christus, mein täglich Brot ist Jesus Christus und meine

Stärke ist Jesus Christus, und du bist der Satan, und immer kommst du wieder, mich zu versuchen", belehrte der Einsiedler den Mönch, der es nur gut gemeint hatte. Nach diesem aufschlußreichen, aber doch unerquicklichen Gespräch verabschiedeten wir uns.

Auf dem Rückweg sprachen wir über unser Erlebnis mit dem Einsiedler, und ich entsann mich der Worte des heiligen Hieronymus an den Mönch Heliodor: „Du fürchtest die Armut? Christus aber nennt die Armen selig. Du denkst an die Nahrung? Doch der Glaube fürchtet den Hunger nicht. Du scheust dich, dir mit den vom Fasten abgezehrten Gliedern auf dem harten Erdboden wehe zu tun? Doch der Herr liegt bei dir. Es starrt das wirre Haar des ungewaschenen Hauptes? Doch dein Haupt ist Christus. Dich schreckt die endlose Weite der Wüste? Durchwandle im Geiste das Paradies. Sooft du in Gedanken dorthin emporsteigst, so oft bist du nicht in der Wüste."

Abûnâ Mitias erzählte mehrere Einsiedlergeschichten: „Einige unserer Wüstenväter wollten in den umliegenden Höhlen leben, auch Abûnâ Mattâ al-Maskîn und Abûnâ Antoniûs. Da hat dieser Äthiopier sie für Tage, ich meine sogar für zwei Wochen, warten lassen, bevor er sich ihrer annahm." Als ich diese Geschichte hörte, erinnerte ich mich an den heiligen Antonius, der auch Paulus den Einfältigen für mehrere Tage vor seiner Höhle fastend und Buße tuend warten ließ, bevor er sich ihm zuwandte.

„Sie sehen, auch unser Mönchtum ist überaus vielschichtig, und die Väter haben immer wieder unterschiedliche Vorstellungen von ihren Rollen als Wüstenmönche gehabt. Da waren die großen Klostergründer des 4. und 5. Jahrhunderts, die auch als Einsiedler begannen, aber sie nahmen sich ihrer Jünger belehrend an, wie Antonius, Makarius, Johannes der Kleine oder auch Bischoi. Als dann das Klosterleben durch weltliche Einflüsse oder auch durch Häresien bedroht schien, hatten wir unsere großen Reformer; mir fallen gerade Schenute ein, oder

Abûnâ 'Abol al-Masîh al-Habashî vor seiner Höhle

die Päpste des Mittelalters, Christodoulus und Kyril II., und aus diesen Tagen unser Papst Kyril VI. Einige unserer Wüstenväter sind erfüllt von ihrer priesterlichen Funktion und erhalten ihre geistige Kraft und vielleicht auch ihre Selbstbestätigung durch das Altarsakrament. Aber Sie wissen doch, nicht alle Mönche sind Priester. Im Gegenteil, wir haben viele Wüstenväter, die scheuen sich, Priester zu werden; denn sie meinen, daß sie durch das priesterliche Amt mehr verlieren als gewinnen." Ich sah meinen Begleiter fragend an: „Wieso gewinnen und verlieren?"

„Wir hatten inzwischen die Klostermauer erreicht und setzten uns vor das Klostertor. Aus einem Tonkrug, der vor dem Tor stand, schöpfte Abûnâ Mitias mit einer Blechtasse Wasser. „Das ist gut, herrlich erfrischend, besonders nach einem so anstrengenden Morgen. Dieses Wasser steht hier für die Beduinen, so brauchen sie uns nicht immer zu belästigen", sagte Abûnâ Mitias und schöpfte die dritte Tasse Wasser aus dem Krug.
Ich bestand auf einer Erklärung über die Vor- und Nachteile des priesterlichen Amtes. „Nun, das priesterliche Amt ist doch ein kirchliches Amt, der Priester wird vom Bischof geweiht, er ist somit Amtsträger einer Institution, und Institutionen sind schon ihrer Natur nach konservativ oder besser gesagt konservierend. Sie konservieren nicht nur das Heilige, sondern auch das Dämonische. Es hat unter uns immer wieder Propheten gegeben, die dem Beispiel von Johannes dem Täufer folgten. Sie stellten sich gegen die Institution und waren der Überzeugung, durch unmittelbare Eingabe Gottes Bote zu sein. In unserer Klostergeschichte haben wir mehrere Fälle von Mönchen, die sich selbst verstümmelten, um somit dem priesterlichen oder bischöflichen Amt zu entweichen, denn nur körperlich vollständige Männer dürfen das Priesteramt ausüben."
„Als ich gestern mit Abûnâ 'Azar sprach, schien er auffallend enttäuscht, daß so wenige Mönche einen wissenschaftlichen Drang verspüren", bemerkte ich. — „Das

stimmt natürlich, Sie müssen jedoch bedenken, daß die Mehrzahl unserer Mönche aus oberägyptischen Fellachenfamilien stammen und Schwierigkeiten mit dem Lesen und Schreiben haben. Außerdem stehen wir ja in einer gewissen, wie soll ich sagen, anti-intellektuellen Tradition. Als der heilige Antonius von einem Philosophen gefragt wurde, wie er ohne Bücher leben könne, antwortete er: ‚Mein Buch ist die Natur, und so kann ich jederzeit Gottes Sprache lesen.' Aber dennoch haben unsere Klöster auch bedeutende Theologen und Denker hervorgebracht. Ich erwähnte schon den Reformator Schenute von Atripe, oder denken Sie an Johannes von Nikiu. Einer der bekanntesten Theologen unserer Kirche, der mehrere Bände christlicher Dogmatik verfaßte, Abûnâ 'Abd al-Masîh ibn Girgis al-Mas'udî, schrieb in unserem Kloster seine Werke. Er wandte sich besonders gegen die Häresien der Protestanten. Viele Professoren der theologischen Hochschule in Kairo kamen aus der Wüste. Man sollte eben nicht verallgemeinern", belehrte mich Abûnâ Mitias.

„Natürlich, die Klöster besaßen doch auch bemerkenswerte Bibliotheken", warf ich ein. Der gute Mitias nahm seine Brille ab und lachte, dann murmelte er vor sich hin: „Das war einmal, die überwältigende Mehrzahl der alten Manuskripte waren allerdings nur liturgische Texte. Es hat in jeder Generation Schreiber gegeben, die ihr Leben dem exakten Kopieren und der kalligraphischen Ausstattung ihrer Manuskripte widmeten. Sie sind die armen und schwachen Nachkommen jener großen Gedächtnisathleten, die das Neue Testament und die Propheten auswendig hersagen konnten. Die alten Väter kopierten die heiligen Texte in ihr Gehirn, ihre Söhne transferierten die Texte auf Pergament und später auf Papier. Ich nenne das nicht unbedingt wissenschaftliches Denken."

„Bei uns" — ich dachte an unsere Studenten — „wird kaum noch etwas auswendig gelernt, man kommentiert, diskutiert, analysiert, kritisiert, man versucht schöpferisch zu erscheinen", sagte ich nebenbei. „Und wie steht es heutzutage mit dem Auswendiglernen der Mönche?" fragte ich. „Das ist natürlich nicht mehr so wie früher. Seitdem so viele Mönche lesen und schreiben können, wird die Notwendigkeit des Auswendiglernens überflüssig. Aber den Psalter, die Evangelien und auch die Offenbarung des Johannes können viele unserer Väter noch auswendig, andere haben das ganze Neue Testament im Kopf. — Wir sollten jetzt aber ins Kloster gehen, ich mache uns eine Linsensuppe, ich lade Sie in meine Zelle ein, es ist freilich kein Hilton-Hotel." Ich folgte Abûnâ Mitias in seine bescheidene Wohnung, die ausgestattet war mit einem Bett, einem Tisch mit einer Kerosinlampe, einem Hocker und mehreren Kleiderhaken. Auf der Erde türmten sich alte Zeitungen und einige Bücher. Die Wände waren mit Photographien vom Papst und einigen Bischöfen beklebt. Über der Tür hing ein Holztäfelchen mit der „Mühle im Schwarzwald", ein Geschenk seines Bruders, der in Freiburg studiert hatte.

Ich verblieb noch zwei Tage im Kloster in der Hoffung, eine Gelegenheit zu finden, entweder mit einem Esel oder einem Jeep meine Reise zum Syrer-Kloster fortsetzen zu können.

DAIR AS-SURÎÂN

„Im Syrer-Kloster – Eine ausgeraubte Schatzkammer"

Ich saß auf dem Balkon des im 19. Jahrhundert erbauten Gästehauses des Barâmûs-Klosters und studierte die Eintragungen der ägyptischen und fremden Besucher in dem alten Gästebuch. Es war eine interessante Lektüre mit den Namen des Sachsenherzogs Johann Georg, des Prinzen Omar Toussoun, des bekannten schottischen Schriftstellers H. V. Morton sowie mit den schwer zu identifizierenden Schriftzügen von Botschaftern und anderen ausländischen Regierungsbeamten und Besuchern.
Plötzlich und unerwartet läuteten die Kirchenglocken. Abûnâ Tâdrus, der mich rührend mit Tee versorgte, wurde auffallend nervös. „Wir bekommen Besuch, wichtigen Besuch, sonst läuteten nicht die Glocken", rief er mir zu. Mit einem dreckigen Frotteehandtuch säuberte er die klebrigen Tische, Hocker und Aschenbecher im Empfangsraum des Gästehauses und rückte die Stühle und Sessel hin und her. Die besonnene und ruhige Atmosphäre war gestört. Einige Mönche zogen schwätzend und gestikulierend an mir vorbei zum Klostertor. Die Neugierde packte mich, und ich folgte ihnen. Vor dem Wasserkrug an der Klostermauer hatte der Fahrer seinen Jeep zum Stehen gebracht. Die Glocken läuteten immer noch, und dem klapprigen Wüstenfahrzeug entstieg ein kirchlicher Würdenträger. Über seiner Brust hingen drei Panagien, ein Kreuz und zwei ovale Medaillons mit Bildern der Gottesmutter und des Heilandes. Sein klerikaler Begleiter reichte ihm seinen Stab. Der leichte Wüstenwind bewegte seine Soutane genügend, so daß ich das rote Seitenfutter seines Gewandes deutlich erkannte.
Das konnte kein ägyptischer Bischof sein, aber dennoch unterhielt er sich auf arabisch. Der *amin ad-dair* und die älteren Mönche, die sich zum Empfang vor dem Kloster-

tor eingefunden hatten, verbeugten sich tief vor dem ungewöhnlichen Besucher. Abûnâ 'Azar flüsterte mir zu: „Das ist der Jeep vom Syrer-Kloster und das ist der syrisch-orthodoxe Patriarch Ignatius Jakob III. von Antiochien. Der war Gast im Syrer-Kloster und besucht nun die übrigen drei Klöster im Wâdî 'n-Natrûn." Begleitet von einem syrischen Priester, begab sich der Patriarch in das Gästehaus. Einer der älteren Wüstenväter klatschte zweimal in die Hände und Abûnâ Tâdrus servierte Tee mit Keksen und Bonbons. Anschließend wurde der Patriarch durch die Kirchen des Klosters geführt. Hier und da verweilte er, sprach mit den Mönchen und erteilte seinen patriarchalen Segen.

Abûnâ Nûâh, der syrische Begleiter des Patriarchen, blieb indessen noch im Empfangsraum für ein zweites und drittes Glas Tee. Ich stellte mich ihm vor mit dem Gedanken, eventuell für die Rückfahrt zum Syrer-Kloster einen Platz im Jeep zu bekommen. „Ich werde Seine Seligkeit fragen", antwortete Abûnâ Nûâh, „ich hatte den Eindruck, Abûnâ Mûsâ wollte noch länger hier bleiben, denn wir wollen noch die anderen Klöster besuchen." Auf dem Weg zum Klostertor wurde ich von dem syrischen Patriarchenbegleiter Seiner Seligkeit vorgestellt. „Selbstverständlich fahren Sie mit, setzen Sie sich schon in den Wagen", lächelte mir der Patriarch zu. Mit einigen Pfundnoten bedankte ich mich bei den Mönchen für ihre Gastfreundschaft.

Als ich den Jeep bestieg, läuteten wieder die Glocken. Ich beobachtete die Rangordnung, in der sich die Mönche ihrem Alter und ihrem Status nach von dem Patriarchen verabschiedeten. Während der Fahrt zum Syrer-Kloster belehrte mich der Patriarch über die engen Beziehungen der syrischen Mönche zu Ägypten. „Abgesehen von der brüderlichen Freundschaft zwischen Alexandrien und Antiochien seit dem 5. Jahrhundert, berichten unsere Überlieferungen von zwei syrischen Vätern, Eunapius und Andreas, die sich schon im 6. Jahrhundert in dieser Wüste niederließen. Im 8. Jahrhundert erwarben dann syrische Kaufleute aus Tekrit, die sich in Kairo niedergelassen hatten, für ihre Mönche das jetzige Syrer-Kloster. Zu Beginn des 9. Jahrhunderts zogen die beiden Syrer Matthäus und Abraham, die auch aus Tekrit stammten, in das Kloster ein. Das war vor mehr als 1000 Jahren." „Wie lange war denn das Kloster von syrischen Mönchen bewohnt?" fragte ich. „Bis zu Beginn des 17. Jahrhunderts lebten Syrer dort, aber die Bedeutung dieses Klosters lag in seiner einzigartigen syrischen Bibliothek, die nicht nur alte biblische und liturgische Manuskripte aufwies, sondern auch die der griechischen Klassiker in syrischer Sprache, Aristoteles, Euklid, Archimedes, Ptolemäus, Hippokrat und Galen. Diese Werke wurden später aus dem Syrischen ins Arabische und dann ins Lateinische übersetzt und gelangten so nach Europa. Diese Manuskripte befinden sich heutzutage in London, Paris und Rom", bemerkte der Patriarch traurig und betroffen.

Der Jeep fuhr quer durch den weichen Wüstensand, mal im ersten Gang, die meiste Zeit im zweiten Gang. Zur Rechten sahen wir den Hügel von Sarabamon. Murqus, unser Fahrer, kommentierte: „Erkennen Sie die Eingänge? Die führen zu den Höhlen; die waren bis vor wenigen Monaten noch besetzt. Die Höhlen sind aus Sandstein, die Decke aus Kalkstein. Da drüben lebte Abûnâ Mattâ, und in den beiden Höhlen vor uns wohnten Abûnâ Mînâ und Abûnâ Istafânûs."

Murqus stoppte seinen Jeep und öffnete die Haube, um den Motor abkühlen zu lassen. Ich folgte dem Patriarchen zu der nächstgelegenen Höhle. Die hölzerne Tür war nur angelehnt und ermöglichte uns somit den Eintritt. Am Eingang entdeckte ich zwei kleine Nischen, die als Bücherborde dienten. Der 3 m lange unterirdische Gang endete in einer Schlafstelle, einem Lager aus Sandstein. Murqus war uns inzwischen gefolgt und erklärte mit wenigen Worten: „Hier lebte Abûnâ Istafânûs für mehrere Jahre. Sehen Sie die in den Stein gehauenen Bücherborde? Abûnâ Istafânûs hatte viele Bücher. Und die

Nische links vor der Schlafstelle diente als Küche. – Wir können weiterfahren." Wir bestiegen den Jeep. „Nur noch 3 km", sagte Murqus.

„Die Umrisse des Syrer-Klosters lassen es wie ein Schiff erscheinen", meinte ich. „Das sagt jeder", wußte Murqus zu berichten. „Unsere Mönche behaupten, das Kloster hätte die Proportionen der Arche Noah, das ist eine alte Überlieferung; aber was weiß ich, wie groß die Arche Noah war?" Vor dem Eingang des Klosters hatten sich zur Begrüßung Bischof Tawfîlus, der Bischof des Syrer-Klosters, und mehrere Mönche eingefunden. Der Patriarch aber bestand darauf, gleich weiterzufahren, nachdem ich ausgestiegen, mich bedankt und verabschiedet hatte.

Der Bischof hieß mich herzlich willkommen. Ich hatte schon mehrere Male für längere Zeit im Syrer-Kloster gewohnt und die archäologischen und liturgischen Gegenstände katalogisiert und beschrieben. „Wie lange wollen Sie bleiben? Gehen Sie in Ihr gewohntes Zimmer", riet mir der etwas untersetzte Wüstenbischof. Ein junger Mönch und zwei Klosterdiener begleiteten mich in die erste Etage des Gästehauses. Abûnâ Filûtâûs schloß das Zimmer auf, öffnete die Luken und Fenster, entstaubte die Bettdecke, Tisch und Stühle und gebot den Dienern, mir Wasser zum Trinken und zum Waschen zu bringen. „Gestern hatten wir hohen Besuch, der syrische Patriarch von Antiochien war hier, ein netter Mensch, er hat uns viel über unser Kloster erzählt. Wollen Sie wieder im Museum arbeiten?" fragte Abûnâ Filûtâûs. „Der syrische Patriarch ist ein sehr ökumenisch gesinnter Kirchenfürst, der keine Vorurteile gegenüber anderen Christen hegt", bemerkte ich, ohne zu wissen, daß der Patriarch den Mönchen am Vorabend seiner Abreise einige Gedanken über das einstige ökumenische Leben in der Wüste vermittelt hatte.

Bischof Tawfîlus hatte sich auf seinem Thronsessel im Empfangsraum des Gästehauses niedergelassen und mich zu sich gebeten. Es schien ihm ein ehrliches Anlie-

154

gen, mich über die „Wüstenökumene", wie er es gestern abend gehört hatte, zu informieren. „Wir denken natürlich, es hätte hier nur Ägypter gegeben, und früher, ganz früher Syrer. Aber viele Nationen hatten ihre Klöster in dieser Wüste. Im 11. Jahrhundert gab es sogar ein armenisches Kloster, dem der heilige Vahram beitrat, Sie wissen, der armenische Patriarch Gregor II. Aus den alten polyglotten Manuskripten ersehen wir, daß zu gewissen Anlässen Armenier, Kopten, Äthiopier, Syrer und Nubier gemeinsame Gottesdienste gefeiert haben. Wie haben sich doch die Zeiten geändert! Ja, armenische Mönche lebten mit uns bis in das 14. Jahrhundert. Im 13. und 14. Jahrhundert hatten griechischsprechende Mönche ihre Zellen in dieser Wüste, und die Äthiopier haben seit dem 4. Jahrhundert, wenn auch nur vereinzelt, hier gelebt. Vom 11. Jahrhundert an besaßen sie ihr eigenes Kloster, gar nicht weit von hier, in dem sie gemeinsam mit den Nubiern lebten, aber diese Klöster verfielen leider im 15. Jahrhundert."

„Und was geschah dann?" erkundigte ich mich. „Sowohl im Barâmûs-Kloster als auch im Makarius-Kloster haben immer einige Äthiopier mit uns zusammengelebt, und wir hier im Syrer-Kloster hatten im 19. Jahrhundert sogar ein Kloster im Kloster, eine äthiopische Klostergemeinschaft, die für viele Jahrzehnte einen Raum bewohnte, der zwischen Wehrturm und der alten Marienkirche lag. In diesen Tagen wird viel von Ökumene gesprochen, vor hundert Jahren redete man nicht darüber, aber man praktizierte sie. In unserem kleinen Museum besitzen wir immer noch mehrere lederne Buchtaschen, in denen die Äthiopier ihre auf Pergament geschriebenen liturgischen Texte mitführten. In meiner Zelle habe ich außerdem noch mehrere silberne äthiopische Handkreuze."

Als wir noch miteinander sprachen, läuteten die Glokken zum Abendgebet. Wir schlossen uns den Mönchen an, die sich unter dem St. Ephraems-Baum versammelten. Nach dem Gebet bat mich der Bischof in seine Zelle

155

und erzählte mir die Geschichte dieser einzigartigen Tamarinde. „Der heilige Ephraem war ein Syrer, der im 4. Jahrhundert den heiligen Bischoi in seiner Zelle aufsuchte, um von ihm das gottgefällige Leben zu erlernen. Diese Zelle liegt hier im Kloster. Als die beiden miteinander sprachen, ließ der heilige Ephraem seinen Stab vor der Zelle stehen, und, siehe da, der Stab schlug Wurzeln und wuchs zu einem mächtigen Baum." Als ich diese Geschichte hörte, wurde ich an die Legende vom Stab des Joseph von Arimathia erinnert. Dieser Stab kam mit dem heiligen Gral nach England, wo er auch Wurzeln schlug. Der von vielen Gläubigen verehrte Glastonbury Dorn wurde von Oliver Cromwell's Soldaten abgeschlagen, wuchs aber erneut und blühte alljährlich zu Weihnachten und im Frühling.

Am folgenden Morgen begleitete mich Abûnâ Yaqûb zum klösterlichen Wehrturm, von wo ich die gesamte Klosteranlage photographieren wollte. „In diesem Turm lagen einst die unbezahlbaren Schätze unseres christlichen Glaubens", belehrte mich der junge Mönch. Ich merkte, daß der belesene Yaqûb auf die Manuskripten-Diebstähle der europäischen Besucher anspielte. „Von allen wurden wir beraubt, Päpste und Könige haben ihre Leute in unser Kloster eingeschleust, um unsere Bücher zu stehlen. Im 18. Jahrhundert war es Papst Klemens XI., der seinen Vatikansbibliothekar Elias Assemani in unser Kloster sandte, und der seinerzeit mehr als vierzig Bände mitnahm. Oder denken Sie an den Lord Curzon, der uns 1837 besuchte. Hier, in diesem Raum lagen die Manuskripte, die heutzutage im Britischen Museum sind."

In allen Einzelheiten erzählte mir der Mönch die Geschichte, die ihn sichtbar erregte: „Natürlich wurde der Lord bei seiner Ankunft in unserem Kloster wie alle Besucher gastfreundlich aufgenommen. Einige Manuskripte, die hier auf dem Boden lagen, durfte er auch kaufen. Aber unzufrieden mit dem, was er erworben hatte, wandte er sich an unseren blinden Abt in der Erwartung, unseren Ölkeller inspizieren zu dürfen. Da hielten wir unsere wertvollsten Bücher versteckt. Unser Abt zögerte, aber nachdem der englische Gast ihm genügend Wein eingeschenkt hatte, erhielt er schließlich den Schlüssel zu unserem Keller, wo er viele syrische Manuskripte entdeckte, die er in seinen Satteltaschen verbarg."

„Aber wieso hat Lord Curzon denn nicht alle Manuskripte mitgenommen?" fragte ich, denn ich wußte, daß einige Jahre später Henry Tattam und Konstantin von Tischendorf weitere alte syrische und koptische Bücher im Syrer-Kloster erwarben. Abûnâ Yaqûb reagierte etwas verlegen, denn er wußte allzu gut, daß auch einige Mönche nicht ganz unschuldig an dem Verlust ihrer Schätze waren. Im Auftrag des Britischen Museums besuchte nämlich der anglikanische Erzdiakon Henry Tattam das Syrer-Kloster 1839 und 1842. Nach längeren Verhandlungen mit den Mönchen erwarb er, wie er meinte, den Restbestand der koptischen, syrischen und arabischen Texte − weit über 200 Bände. Daß die von Dr. Tattam gekauften Manuskripte aber auch nur einen bescheidenen Teil der Klosterbibliothek darstellten, konnte er nicht ahnen.

Schon im folgenden Jahr konnte der deutsche Theologe Konstantin von Tischendorf mehrere koptische Pergamenthandschriften aus dem 6. und 7. Jahrhundert erwerben, und seine Beobachtung bezüglich der Einstellung der Mönche zu ihren Schätzen ist bemerkenswert, wenn er schreibt: „Die Mönche sind an die Besuche und an das Gold der Engländer schon sehr gewöhnt." Abûnâ Yaqûb versuchte das Verhalten der Mönche zu entschuldigen: „Sie müssen verstehen, das 19. Jahrhundert war für unsere Kirche und für die Klöster eine schwere Zeit, die Mönche waren ungebildet und arm und erlagen somit den Versuchungen von Gold und Alkohol. Außerdem waren sie den listigen und auch überzeugenden Argumenten der Europäer einfach nicht gewachsen."

Der Mönch erzählte mir daraufhin die Geschichte des Herrn Auguste Pacho, der aus Alexandrien stammte, und im Jahre 1847 für mehrere Wochen im Syrer-Kloster lebte, um sich das Vertrauen der Mönche zu erschleichen. Auch er stand im Dienst des Britischen Museums und hatte den Auftrag, alle orientalischen Manuskripte zu kaufen. „Er erwarb mehrere hundert Bände in unserem Kloster, aber glauben Sie nicht, daß alles ehrlich zuging. Ich habe gelesen, daß derselbe Herr Pacho unsere Manuskripte zweimal verkaufte, einmal nach London und einmal an die kaiserliche Bibliothek in St. Petersburg. Natürlich haben wir ihm auch nicht alles verkauft, obwohl unser Abt ihm seinerzeit schriftlich bestätigen mußte, daß sich keine syrischen Manuskripte mehr in unserem Kloster befänden", erklärte Abûnâ Yaqûb mit einem etwas zynischen Lächeln. „Das waren noch Zeiten; heute befinden sich unsere alten koptischen und syrischen Manuskripte in unserer Bibliothek. Abûnâ Antonius hat sie alle katalogisiert und unser Bischof besitzt den Schlüssel für die Sammlung."

Besonders für die gebildeten Mönche ist der Verlust der wertvollen Texte immer noch eine schmerzhafte Angelegenheit, um so stolzer sind sie auf die wenigen alten Gegenstände, die ihnen verblieben sind. Abûnâ Yaqûb führte mich zu dem kleinen Klostermuseum, wo liturgische Geräte, Ikonen, Holzschnitzereien und Steinarbeiten zusammengetragen waren. Auf unserem Weg trafen wir Abûnâ Girgis, den Bäcker der eucharistischen Brote. Häufig hatte ich als Andenken an meine Klosterbesuche ein eucharistisches Brot erhalten. Nun ergab sich endlich die Gelegenheit, Einzelheiten über die Herstellung dieses Brotes zu erfahren.

„Das kann ich Ihnen gern schildern", erwiderte der freundliche Mönch. „Am Vorabend unserer Liturgie, und zwar nach Sonnenuntergang, wird das Brot gebakken. Das Mehl, das jeweils von bester und weißer Qualität sein sollte, siebe ich mehrere Male durch feine Leinentücher. Dann nehme ich eine kleine Handvoll Sauer-

158

teig, der von dem letzten Laib übriggeblieben ist, und vermenge ihn mit Wasser. Danach schütte ich das Mehl durch ein Sieb in eine Schüssel und knete den Teig. Dabei bete ich mehrere Psalmen; wenn der Teig durchgeknetet ist, zerteile ich ihn und forme flache runde Brote, die dann noch einmal mit Mehl bestäubt werden. Hierbei bete ich den ersten Psalm. Bevor ich dann den Brotstempel auf den Laib setze, wird der Teig noch einmal mit Mehl bestreut. Dieser Stempel ist rund, und der äußere Rand trägt in koptischen Buchstaben die griechische Inschrift: ‚Heiliger Gott, Heiliger Allmächtiger, Heiliger Ewiger'. Das Mittelstück des Stempels ist ein Kreuz, das wiederum in acht kleine Kreuze und ein Mittelkreuz unterteilt ist. Anschließend markiere ich das Brot mit einem spitzen Stab, und zwar mit fünf Löchern, die symbolisch die fünf Wunden Christi darstellen." „Und wie viele Brote backen Sie jedes Mal?" fragte ich. „Nun, wir backen hier entweder sieben oder neun Brote, von denen der Priester vor der Liturgie das beste und makelloseste Brot für die eucharistische Feier auswählt." „Und was geschieht mit den übriggebliebenen Broten?" wollte ich noch wissen. „Die werden nach dem Gottesdienst entweder als ein Ganzes oder auch in Stücken an die Anwesenden verteilt."

Während ich mich für die erklärenden Worte bedankte, besorgte Abûnâ Yaqûb den Schlüssel für das Museum. „Sie kennen doch unsere Sammlung und erinnern sich vielleicht auch an die schöne hölzerne Truhe?" fragte mich der Mönch. „Selbstverständlich, Sie meinen den alten Reliquienschrein aus dem 10. Jahrhundert aus Ebenholz mit den feinen Elfenbeinintarsien — und was ist mit der Truhe?"

„Diese Truhe enthielt einst viele Knochen von den Heiligen Severus, Dioskorus, Kyriakus, Theodor, Jakobus dem Perser, Mose dem Räuber, Johannes dem Kleinen, den vierzig Märtyrern von Sebaste; ja wir besaßen sogar die Haare der heiligen Maria Magdalena. Ich möchte doch mal wissen, wo diese Reliquien geblieben sind", er-

kundigte sich Abûnâ Yaqûb. — „Ich kann mir nicht vorstellen, daß die englischen Manuskripten-Räuber sich an den Haaren der Maria Magdalena vergriffen haben", war meine Antwort. „Das wollte ich damit auch nicht gesagt haben", erwiderte der Mönch. — „Im Mittelalter haben doch Pilger immer wieder Reliquien gestohlen, unsere Vorfahren haben das ja fast wie einen Sport angesehen. Wie könnten Sie sich sonst erklären, daß die Schatzkammern der europäischen Kathedralen Tausende von Heiligenreliquien besitzen. Wie im Jahre 1204 die Venetianer die Kirchen von Konstantinopel ausplünderten, so wurden im Mittelalter auch Ihre Reliquien gestohlen — Aber welche Bedeutung hätten für Sie denn die Haare der Maria Magdalena, dieser notorischen Kurtisane?" wollte ich gern wissen. Abûnâ Yaqûb schwieg für einen Augenblick und dachte nach. „Sie ist nun einmal für uns alle das große Beispiel der bekehrten Sünderin, und ihre verwerfliche Vorgeschichte hat man ihr später angedichtet. Jesus Christus hat sie aus ihrer Vergangenheit herausgelöst und sie gleichsam in seinen Schutz genommen. Als Jesus gekreuzigt wurde und alle Jünger panikartig flüchteten, stand sie unter dem Kreuz. Johannes wird noch deutlicher. Maria Magdalena war überhaupt der erste Mensch, der dem auferstandenen Jesus begegnet war." „Das stimmt natürlich, aber wieso wurden dann ihre Haare hier verehrt? Ich weiß, in der Grabeskirche in Jerusalem und in den griechischen Athos-Klöstern werden Teile ihrer rechten Hand gezeigt", erwiderte ich. „In unserer Tradition ist Maria Magdalena die Sünderin, die ihre Schuld beweinte und die Füße unseres Herrn mit ihren Tränen netzte und mit den Haaren ihres Hauptes trocknete (Lk 7, 38), und so haben unsere Väter ihre Haare als ein Zeichen der Buße betrachtet."
Abûnâ Filûtâûs fragte, ob er sich zu uns gesellen dürfte. „Selbstverständlich", antwortete Abûnâ Yaqûb. „Einige Mönche behaupten, es gäbe einen unterirdischen Gang, der unser Kloster mit dem benachbarten Bischoi-Kloster verbindet, stimmt das?" wollte Filûtâûs von mir wissen.

Bischof Tawfilus hatte mir zwar von diesem legendären Tunnel erzählt, aber ich hatte ihn nie nach Einzelheiten gefragt. „Wo soll denn der Einstieg zu diesem unterirdischen Gang sein?" fragte ich die Mönche. Abûnâ Yaqûb, der das Gespräch über diese ihm fragwürdige Konstruktion abtun wollte, sagte lediglich: „Vor einigen Jahren habe ich mal gehört, daß in der alten Zelle des heiligen Bischoi hinter der Marienkirche der verborgene Eingang zu diesem Tunnel sein soll, aber wir können uns das ja mal ansehen." Ich folgte den Mönchen.

Vor der Kirchentür zogen wir pflichtgemäß unsere Schuhe aus und begaben uns durch dunkle und enge Gänge zu der historischen Bischoi-Zelle, einem halbdunklen Raum, nicht größer als 1,50 im Quadrat. Dicht aneinander gedrängt suchten wir in der Zelle nach einem möglichen Einstieg. Als ich prüfend und suchend die Wände betrachtete, erblickte ich an der gewölbten Decke einen verrosteten Eisenhaken. „Was soll denn dieser Fleischerhaken in einem Kloster?" fragte ich Abûnâ Filûtâûs. „Das ist der Haken des heiligen Bischoi", wußte Abûnâ Yaqûb und begann mit seiner Bischoi-Geschichte. „Der heilige Bischoi hat oft stundenlang in dieser Zelle stehend gebetet, und um nicht in Versuchung zu fallen, zusammenzusinken, befestigte er − bevor er betete − seine langen Haare und seinen Bart an diesem Haken. Das verlieh ihm die nötige Standhaftigkeit, um während der langen Gebete nicht einzuschlafen und in die Knie zu gehen. Haare können ein Gottesgeschenk sein, sowohl für die Maria Magdalena als auch für den heiligen Bischoi. Sie sind uns ein Zeichen der Unterwürfigkeit und der Buße."

„Ist das auch eventuell der Grund, warum die Wüstenväter sich weigerten ihre Haare zu schneiden?" fragte ich den langbärtigen Yaqûb, der nicht nur die Schriften der Väter kannte, sondern auch die Weisheit der Alten vermitteln konnte. „Ja, aber die Gründe sind doch wesentlich vielschichtiger. Die Kopfhaare und der Bart waren immer Zeichen der männlichen Kraft. Schon das alttestamentliche Nasiräertum forderte ausdrücklich, daß kein Schermesser über das Haupt gehe. Die Wüstenpropheten Elija und Johannes der Täufer mit ihrem betont unzivilisierten Leben wurden unsere Vorbilder. Der heilige Paphnutius wies den bartlosen jungen Asketen Eudaimon mit den Worten ab: ‚Ich lasse nicht zu, daß ein Frauengesicht in der Sketis wohnt, wegen der Angriffe des Feindes!' Außerdem sahen wir in dem Bartwuchs unserer Väter auch immer einen Beweis, daß wir keine Eunuchen unter den Mönchen hatten, denn Sie wissen, schon im Alten Testament waren die Eunuchen aus der Gemeinschaft ausgeschlossen", erzählte der Wüstenvater. Als ich ihn an die Geschichte der Bekehrung und der Taufe des äthiopischen Eunuchen (Apg 8, 26–40) erinnerte, bezeichnete Abûnâ Yaqûb diese Erzählung als einen peinlichen Einzelfall.

Inzwischen spürte ich in dieser düsteren Zelle ein Unbehagen, denn ich wußte nicht, ob es Käfer oder Flöhe waren, die an meinen Beinen hochkrochen. Wir begaben uns in die alte Marienkirche mit ihren syrischen Fresken aus dem 10. Jahrhundert und den sehenswürdigen, mit Elfenbein eingelegten Chor- und Altarschranken. Abûnâ Filûtâûs meldete sich zu Wort, als es um die Deutung der Elfenbeinintarsien ging, die in sieben Reihen untereinander die Geschichte des Christentums darstellen sollten.

„In der obersten Reihe sehen Sie das apostolische Zeitalter mit den Figuren von Jesus Christus, der Gottesmutter, St. Markus und St. Ignatius. Die ineinander verschlungenen Kreise in der zweiten Reihe stellen die Ausbreitung des Glaubens dar. Die dritte Reihe hat sechs Kreise mit je einem Kreuz. Die stehen für die frühchristlichen Patriarchate. Die großen ‚Kleeblätter' mit einem Kreuz in der Mitte – in der vierten Reihe – zeigen die Umzingelung des Christentums durch die Religion des Halbmondes, des Islams. Die Symbole in der fünften Reihe sind Ihnen als Deutschen wohl allzu gut bekannt, die Hakenkreuze beschreiben unsere jetzige Situation, die antichristlichen Ideologien des 20. Jahrhunderts. Die nächsten beiden Reihen veranschaulichen den vorübergehenden Zerfall und den endgültigen Sieg unseres christlichen Glaubens. Das sind die Weissagungen unserer Väter aus dem 10. Jahrhundert", erklärte Filûtâûs, indem er mit seiner ausgestreckten rechten Hand auf die feine Intarsienarbeit hinwies.

Auf der inneren Seite seines Unterarms nahe dem Handgelenk, erkannte ich mehrere dunkelblaue eintätowierte Zahlen. „Und was bedeuten diese Zahlen an Ihrem Arm?" fragte ich den Wüstenvater. Abûnâ Filûtâûs zog den rechten Ärmel seines Übergewandes etwas höher und zeigte mir stolz zwei eintätowierte Kreuze mit den dazugehörigen Daten. „Diese Kreuze habe ich mir als Jüngling eintätowieren lassen. Unsere Familie ging alljährlich zum großen St. Georgsfest am 23. April nach Mit Damsîs, um da den Schatten des heiligen Georg auf seinem Schimmel in der Kirche zu sehen. Er erscheint dort jedes Jahr, einige sehen ihn selbst über der Kirchenkuppel, ich habe bisher nur seinen Schatten gesehen. Viele Kranke und Gebrechliche werden bei dieser Gelegenheit geheilt, andere werden von den bösen Geistern, vom Teufel und vom Satan befreit. Zwischen den vielen Händlern und Ausstellern, die ihre Buden vor der Kirche aufbauen, war auch immer ein Tätowierer. Für 10 Piaster konnte man sich ein Kreuz, den Drachentöter oder die Gottesmutter mit Datum einritzen lassen. Die Mehrzahl der Christen in unserem Land tragen mit Stolz das Zeichen des Kreuzes. In unserem Kloster sind alle Mönche tätowiert, dadurch werden wir auch immer wieder an unseren Glauben erinnert. Ägyptische Christen sind erkennbar; eine ‚unsichtbare Kirche' gibt es bei uns nicht!"

Im Gästehaus war für mich gedeckt. Ein Teller mit lauwarmem Reis und Bohnen, ein Fladenbrot und ein Glas mit verdünntem süßen Rosensirup warteten auf mein Erscheinen. Meine Begleiter verabschiedeten sich mit dem Hinweis, mich nach dem Mittagsschlaf in die sog. Höhlenkirche zu führen, die auch der Gottesmutter geweiht ist. Diese Kirche hatte für mich wenig Reiz, denn die alten und interessanten Gegenstände, die noch von den Reisenden des 18. und 19. Jahrhunderts dort gesehen wurden, befinden sich entweder im Museum oder sie sind verschwunden.

Wie verabredet, führten die Väter mich dennoch in ihre Kirche, wo sie mir den Reliquienschrein des heiligen Johannes Kame zeigten. „Wir benutzen beide Kirchen", betonte Abûnâ Yaqûb, „und wo wir auch unsere Gottesdienste halten, die Reliquien unseres Klosterpatrons nehmen wir immer mit, denn die Anwesenheit des heiligen Johannes Kame bezeugt für uns die Einheit der triumphierenden Kirche (ecclesia triumphans) mit der streitenden Kirche (ecclesia militans)."

Bevor ich fragen konnte, erzählte Abûnâ Filûtâûs die Lebensgeschichte des heiligen Johannes: „Unser Johannes wurde im Nildelta geboren und als Jüngling in eine Ehe gezwungen. Aber wie so viele unserer Väter, ließ er seine Frau unberührt und zog in die Wüste, wo er ein Schüler des Altvaters Teroti wurde. Ein Engel befahl ihm dann, sich den Mönchen des Klosters von Johannes dem Kleinen anzuschließen. Eines Tages erschien ihm die Gottesmutter, begleitet von himmlischen Heerscharen. Sie ermahnte ihn und befahl ihm, den Kampf gegen die Dämonen weiterzuführen. Als Dank würden sich viele Jünger um ihn scharen, für die er eine Kirche bauen und eine Gemeinschaft gründen solle. Als Zeichen ihrer Güte gab sie ihm drei Goldmünzen und befahl ihm, diese gut zu bewahren. Schon nach kurzer Zeit siedelten sich über 300 Jünger bei unserem Johannes an, für die er dieses Kloster errichtete. Das geschah im 9. Jahrhundert, als viele unserer Klöster von den Berbern und Beduinen zerstört wurden."

Ich verblieb noch einige Tage im Syrer-Kloster, wo ich mich mit den mittelalterlichen liturgischen und künstlerischen Gegenständen der Wüstenmönche beschäftigte. Am letzten Tag, kurz vor meiner Abreise, entdeckte ich im Klostermuseum zwei Zeitanzeiger, die nicht nur mein Interesse weckten, sondern mich auch nachdenklich stimmten. Auf einem Bücherbord stand eine französische Sonnenuhr, wahrscheinlich das Geschenk eines Reisenden aus dem 18. Jahrhundert, und eine in Manchester hergestellte Sanduhr. Ich dachte unwillkürlich an die Bedeutung dieser Zeitmesser in einem Kloster, das der liturgischen oder auch biblischen Zeitrechnung unterworfen ist, wo der Tag am Abend mit dem Sonnenuntergang beginnt, womit die Kirche zum Ausdruck bringt, daß bei der Erschaffung der Welt der Tag mit dem Abend begann (1 Mose 1,5). Sonnenuhr und Sanduhr, „Kronos" und „Kairos", die astronomische Uhrzeit und die vom Schicksal geprägte und erfüllte Zeit! Für die Mönche des Syrer-Klosters hatte „Kronos", wenigstens in der Vergangenheit, wenig Bedeutung, und wenn heutzutage auch einige Mönche Armbanduhren tragen und den weltlichen Zeitablauf in ihr Leben einbezogen haben, so erinnert doch immer noch das Bewußtsein des „Kairos" an die unumwendbare Zeit, an die Endlichkeit des Lebens, Gedanken, die das mönchische Wüstenleben geschaffen und bis auf den heutigen Tag erhalten haben.

WÂDÎ RAYÂN

"Eine neue Generation von Einsiedlern"

Mehr als fünf Jahre plagte mich der Wunsch, die koptischen Eremiten, die unter der charismatischen Führung
von Abûnâ Mattâ al-Maskîn im Wâdî Rayân südlich der
Oase Fajum lebten, zu besuchen. Ich hatte die griechischen Höhlenbewohner im Wâdî Qilt zwischen Jerusalem und Jericho aufgespürt, das Leben der äthiopischen
Baumeremiten auf dem Zequala-Berg südlich von Addis
Ababa studiert und war zu den griechischen und slawi-
schen Einsiedlern in die Felsenlöcher auf der Südspitze
des heiligen Athos geklettert. Einige koptische Freunde
bestärkten mich, mein Vorhaben zu verwirklichen, andere wiederum rieten mir entschieden ab. Sollte ich mich
der monatlichen Kamelkarawane anschließen, die von
Gharaq al-Sultanî, dem südlichen Dorf der Fajum-Oase,
die Eremiten mit Verpflegung und Medizin versorgt?
Auch ein Jeep oder Landrover würde in den weichen
Sanddünen, die sich vor dem westlichen Eingang des
Wâdîs erstrecken, unweigerlich steckenbleiben, erfuhr
ich von meinen koptischen Freunden.
Der Zufall wollte es, daß der Pilot der Pan American Oil
Company meiner Gemeinde in Maadi angehörte. Ken
Frazer war Kanadier und ein aufgeschlossener und er-
fahrener Flugzeugführer. Im zweiten Weltkrieg hatte er
viele Einsätze über deutsche Städte geflogen. Er kannte
Hamburg, Berlin, Düsseldorf und Köln − von mehreren
tausend Meter Höhe. "Hättest Du Lust, mit mir ins Wâdî Rayân zu fliegen, um dort einige koptische Einsiedler
zu besuchen?" fragte ich ihn bei einer Cocktail-Party.
"Du bist wohl verrückt, wie stellst Du Dir das vor? Gibt
es da überhaupt eine Landemöglichkeit?" fragte er mich.
Nach einer Weile hatten wir den Entschluß gefaßt mit einer "Otter" − einer De Havilland D. H. C. 3 − das Wâdî
anzufliegen. Um den Flug auch für die Ölgesellschaft
rechtfertigen zu können, luden wir Dr. Harper, den

Geologen der Ölgesellschaft ein und deklarierten unseren Ausflug zu den Mönchen als ein hydro-geologisches Erkundungsunternehmen.

Einige Tage später starteten wir kurz nach Sonnenaufgang von dem Kairoer Flughafen Embaba. Wir überflogen die Pyramiden und steuerten in südwestlicher Richtung auf die Fajum-Oase zu. Unter uns erstreckten sich kilometerlange Sanddünen und Kalksteinplateaus, hier und da mal ein Hügel und in der Ferne im Dunst das satte Grün der Oase. Zwar war das Wâdî Rayân auf der Karte verzeichnet, aber aus der Luft erschien ein Wâdî wie das andere. „Hier in der Gegend muß es sein", meinte Ken und ging auf 150 m herunter, um eventuelle Höhleneingänge zu erkennen. „Ich sehe zwei, drei, fünf schwarze Punkte die sich bewegen, das sind Mönche", rief ich Ken zu. Wir kreisten mehrere Male um ein ausgedehntes Kalksteinplateau, an dessen südlichem Hang wir deutlich Sand- und Steinaufschüttungen erkennen konnten, die auf ausgeschachtete Höhlen hinwiesen. Unter uns erstreckte sich das Wâdî mit einer Länge von 5−6 km und einer Breite von 3−4 km. Wir gingen auf 50 m herunter, um für die Landung die Bodenbeschaffenheit zu begutachten. „Hier scheint harter Boden zu sein", sagte Ken. Er zog die Maschine noch einmal hoch, flog eine Schleife und rief uns zu: „Festschnallen, Kopf einziehen!" Wenige Augenblicke später gab es einen Ruck und noch einen Ruck und wir rollten über das unebene Geröll des Wâdîs und blieben vor einem Höhleneingang stehen.

Abûnâ Ishaiâ war der erste, der uns begrüßte und zu Abûnâ Mattâ al-Maskîn begleitete, der in dem mit Palmblättern überdachten kleinen Vorhof der Höhlenkirche auf uns wartete. „Herzlich willkommen!", sagte der Wüstenvater, „das konnten auch nur Sie sein. Wer hat Ihnen verraten, wo wir sind? Wie haben Sie uns gefunden?" — „Einige Ihrer Freunde haben mir beschrieben, wo Sie sind, und die Aufschüttungen vor den Höhlen haben wir aus der Luft erkannt", antwortete ich. „Man hätte Ihnen das nicht sagen sollen, denn wir leben hier in völliger Abgeschiedenheit von Welt und Menschen. Die Väter nannten es das hesychastische Leben — von dem Wort Hesychia = Ruhe. Wir folgen den Worten des großen Mönchsvaters Isaak von Nineveh, der einst sagte: ‚Liebe die Ruhe im Stillschweigen mehr, als daß du die Hungrigen der ganzen Welt speisest oder eine Menge von Völkern aus dem Irrtum zur Anbetung Gottes bekehrst‘. Nur Gott weiß, wo wir sind, und nun wissen auch Sie es“, sagte er verstört.

Abûnâ Irmia versorgte uns mit einem leicht salzig schmeckenden Tee. „Wir sind an den Geschmack gewöhnt, das Brunnenwasser in unserem Garten da unten ist so salzhaltig, daß davon auch der Geschmack des Tees beeinträchtigt wird“, entschuldigte sich der junge Irmia. Während wir Tee tranken — die Mönche verzichteten —, sprach Abûnâ Mattâ über die sandige und steinige Wüste, die durch die Gebete der Mönche zum Paradies wird, genauso wie einst die Väter es gesehen haben. Er zitierte aus der Weissagung des Propheten Jesaja:

> „Die Wüste und Einöde wird frohlocken, und die Steppe wird jubeln und wird blühen wie Lilien. Und der Herr wird dich immerdar führen und dich sättigen in der Dürre und dein Gebein stärken. Und du wirst sein wie ein bewässerter Garten und wie eine Wasserquelle, der es nie an Wasser fehlt. Und es soll durch dich wieder aufgebaut werden, was lange wüst gelegen hat, und du wirst wieder aufrichten die Grundmauern vergangener Geschlechter (vgl. Jes 35, 1; 58, 11, 12).“

„Wie einst unsere Väter folgen wir dem bedingungslosen Befehl vom Verlassen des Irdischen um des Gottesreichen willen. Wir haben unsere Familien und Freunde, unser Heim und Vermögen, unseren Beruf, unser Ansehen aufgegeben, um in der Verborgenheit eines stillen, gottgeweihten Dienens der Welt zu sterben. Für uns gilt das Wort des Märtyrerbischofs Ignatius: ‚Schön ist es, von der Welt zu Gott hin unterzugehen, um in Ihm aufzugehen.‘ Fern von den Schicksalen, in die die Welt nun einmal verflochten ist, kämpfen wir in der Wüste und in der Einöde, in Höhlen und in Zellen mit den Dämonen und dem Teufel. In diesem Kampf sind wir die Erben der frühchristlichen Märtyrer. So ist an die Stelle des Blutzeugnisses ein lebenslanges unblutiges Zeugentum getreten. Der Mönch, so sehen wir es, ist der lebendige Märtyrer, der durch sein Leben Zeugnis ablegt für die Wirklichkeit Gottes, für das Leben des Gekreuzigten und Auferstandenen. In der Einsamkeit erfahren wir, allen anderen Einflüssen entzogen, von allen Aufgaben entbunden und unerbittlich auf uns allein gestellt, die Begegnung mit Gott, aber auch die Begegnung mit dem Bösen in einer Härte und Schärfe, die Sie, die Vielbeschäftigten und Abgelenkten, vielleicht kaum zu ahnen vermögen. Unsere Väter haben immer wieder gesagt, daß erst in der letzten Tiefe der Seele, in die keine lärmende Geschäftigkeit mehr dringt, sich dem Menschen die Größe und Gefahr seines eigentlichen Seins enthüllt. Dann offenbart sich das Innerste des Menschen als der Kampfplatz, auf dem die letzten Entscheidungen über das Schicksal des einzelnen und der ganzen Welt fallen."

Abûnâ Mattâ führte uns dann in die in Stein gehauene Höhlenkirche. Die in koptischen Kirchen übliche Ikonostase oder Altarwand war durch einen einfachen Leinenvorhang ersetzt, und der Altarraum war mit Bastmatten ausgelegt. An der Nordseite der Kirche war eine aus dem Fels gehauene Wandbank. Da die Mönche während der Gottesdienste stehen, fragte ich Abûnâ Mattâ nach dem Zweck dieser Sitzgelegenheit. „Neben unseren Gottesdiensten benutzen wir diesen Raum auch für unsere wöchentliche Versammlung. Die wöchentliche Zusammenkunft der Mönche war ein wesentlicher Bestandteil des asketischen Lebens unserer Väter im 4. und 5. Jahrhundert in der sketischen Wüste, aber auch in Nitria und in Kellia", erklärte uns der geistliche Vater der Wâdî-Rayân-Einsiedler. „Sie sehen gegenüber vom Altar unsere Küche und den Vorratsraum. Nach der eucharistischen Feier am Sonntag nehmen wir ein gemeinsames Mahl in der Kirche ein, unsere Väter nannten es die ‚Agape'. Der Kirchenraum ist unser einziger Ort, in dem wir das koinobitische Leben verwirklichen können. Anschließend zieht sich jeder wieder in seine Höhle zurück."

Ken fragte nach dem Tagesablauf des mönchischen Lebens. „Wir versuchen zu leben, wie unsere Väter es uns gelehrt haben. Wie schon angedeutet, lebt der Mönch während der Woche in seiner Höhle. Am Sonnabend um 15 Uhr versammeln wir uns in der Höhlenkirche zum Stundengebet. Anschließend kehren wir in unsere Höhlen zurück. Am Sonntag um 5 Uhr morgens beginnt der Gottesdienst mit der Morgenhore, der sich die eucharistische Feier anschließt. Während der Passionszeit verlassen wir unsere Höhlen überhaupt nicht. Nur in der Karwoche, vom Lazarussamstag bis Karfreitag, treffen wir uns täglich zweimal zum Gebet, von 8 Uhr morgens bis mittags und von 16 Uhr bis 20 Uhr. Jeder Mönch lebt seine eigene Spiritualität, und die Intensität der Askese bestimmt auch jeder Mönch für sich selbst. Einer unserer Väter, Abûnâ Istâfânûs, hat seine Höhle über ein Jahr lang nicht verlassen. Andere Mönche kochen und essen in ihrer Höhle und sammeln trockene Zweige im Wâdî für Feuerholz. Im allgemeinen essen wir zweimal täglich, zur Mittagszeit und um 18 Uhr. Zum Trinken benutzen wir das Wasser aus unserem Brunnen, obwohl wir auch schon mal Tee kochen."

„Trinken Sie überhaupt keinen Wein? Das ist doch ein frühchristliches Getränk", wollte Ken wissen. Abûnâ Mattâ zitierte die Väter: „Der heilige Makarius trank schon ab und zu Wein, wenn er ihm angeboten wurde. Der heilige Sisoes beschränkte sich auf zwei Gläser Wein, aber lehnte das dritte Glas mit den Worten ab: ‚Weißt du nicht, daß das vom Teufel kommt?' Der heilige Paphnutius hat überhaupt keinen Wein berührt. Wir haben uns hier entschlossen, weder Wein zu trinken noch zu rauchen. — Außerdem haben wir unter uns eine

170

Reihe von Vätern, die während der Woche keine gekochte Mahlzeit zu sich nehmen, denn so lebten auch einst die Altväter in der sketischen Wüste. Sie wurden die ,Weidenden' genannt und standen in hohem Ansehen, denn sie ernährten sich nur von rohen Pflanzen."

Auf unserem Weg durch den feinen goldfarbigen Sand zur Höhle von Abûnâ Nihamîâ erklärte uns der geistliche Vater der Mönche, daß für ihn das goldene Zeitalter des Christentums das 4. und 5. Jahrhundert sei. „Wir lesen die Schriften unserer Väter, um ihnen nachzueifern. Aber das ist nicht einfach für uns, denn es gibt schon wesentliche Unterschiede zwischen den Altvätern und unserer Generation. Die Väter des goldenen Zeitalters waren Fellachensöhne, wir sind ausnahmslos Akademiker. Makarius der Große war Kameltreiber, Makarius von Alexandrien war ein kleiner Händler, der heilige Apollo war Hirte und der heilige Pambo und der heilige Paphnutius waren Analphabeten wie die Mehrzahl der Altväter." − „Aber es gab doch auch gebildete Wüstenväter wie die Heiligen Albanius, Evagrius, Arsenius, Palladius und die beiden Fremdlinge Maximus und Domitius", erinnerte ich den Wüstentheologen. „Natürlich, aber, Sie haben es selbst gesagt, die gebildeten Väter, die auch den gehobenen Schichten angehörten, waren alle Fremde, die in unseren Wüsten das gottgefällige Leben erfahren wollten. Wir nun stammen alle aus dem gehobenen Mittelstand und sind Ingenieure, Hochschullehrer, Chemiker, ich bin Apotheker."

Als wir über die Einsiedler im Wâdî Rayân sprachen, fiel mir auf, daß viele von ihnen Namen der alttestamentlichen Patriarchen und Propheten trugen. Abûnâ Matta nickte mir zu und sagte: „Die Gottesmänner des Alten Testaments werfen klare Strahlen auf die neutestamentliche Verkündigung, und das Neue Testament können wir nur durch die Botschaft des Alten Testaments verstehen. Die Namen sind den Mönchen nicht unbedacht gegeben, sondern reflektieren die Veranlagungen und Ei-

171

genschaften, den Geist und das Gemüt der Männer, deren Namen sie tragen. Das ist für Sie auf den ersten Blick nicht erkennbar. Wir verlangen ein langes und rigoroses Noviziat, um die Eigenschaften und die geistliche Potenz eines jeden zu erfassen. Viele junge Akademiker, die sich uns anschließen wollen, sind unseren Anforderungen nicht gewachsen. Wir erkennen hier in der Einöde den Urfeind oft wesentlich drastischer als Sie. Diesem Urfeind, dem Teufel, stehen wir auch überaus realistisch gegenüber. Er zeigt sich uns in vielfältiger Weise, nicht selten in leibhaftiger Gestalt. Sie mögen geneigt sein, darüber zu lächeln, und vergessen dabei die furchtbare Wirklichkeit des Bösen. Ein tiefes Sündenbewußtsein ist das Kennzeichen echten Mönchtums. Der Mönchsstand ist in erster Linie der Stand der Buße, und nicht umsonst erließ die alte Kirche einem Sünder die öffentliche Kirchenbuße, wenn er das Mönchskleid annahm. Stets sind es gerade die Heiligsten, die sich als die verworfensten Sünder erkannt und bekannt haben. Glauben Sie mir, das ist keine fromme Redensart, sondern eine erste Frucht wachsender Gotteserkenntnis. Der Mönch, der die Größe und Heiligkeit Gottes erfahren hat, erlebt zugleich tiefer als andere die Anfechtbarkeit und Sündhaftigkeit des eigenen Ichs."

„Wollen Sie und Ihre Jünger hier Ihr Leben beschließen? Haben Sie gar nicht den Wunsch oder das innere Bedürfnis, die heiligen Stätten zu besuchen, wie es doch auch einige der Altväter taten, die nach Jerusalem und zum Sinai pilgerten?" fragte ich. Der Wüstenvater setzte seine Sonnenbrille auf und antwortete: „Jerusalem, der Ort der Gottesoffenbarung, ist hier, hier in und bei unseren Höhlen. In meiner Höhle wird der Herr tagtäglich von neuem geboren. Darum lebe ich in einer Höhle, um ihm tagtäglich ins Grab zu folgen, aus dem er auch mich immer wieder zu neuem Leben erweckt. Die heilige Stadt ist in diesem Wâdî verwirklicht. Wo Gott gegenwärtig ist, da ist die heilige Stadt. Hier hören wir die Worte der Engel, da drüben ist der Ölberg, und dort unten im Garten fließt das lebenspendende Wasser des Jordanflusses."

Die Eremiten bewohnen zehn Höhlen, die sich am Nordhang des Wâdî Rayân über eine Entfernung von fast 3 km erstrecken. In Abständen von 200 bis 300 m haben die Mönche ihre Behausungen in den weichen Sandsteinfels gehauen. Während unseres Aufenthalts habe ich zwei Arten von Höhlen besucht, die einräumige und die zweiräumige Höhle. In den zweiräumigen Höhlen ist die Schlafstelle mit dem Aufenthaltsraum durch einen engen Gang verbunden. In allen Höhlen, die ich gesehen habe, lag die aus dem Stein gehauene Schlafstelle im östlichen Teil. Ein kleiner Tisch mit einem Hocker, eine Ablage für Bücher, einige Strohmatten, ein Tonkrug für Wasser und Töpfe und Eßgeschirr stellten das Mobiliar dar. Ein oder zwei der Fenster an der Südseite spenden genügend Wärme und Licht, so daß die Mönche in ihrer Höhle lesen und schreiben können. Die Fenster sind mit Fliegendraht versehen, da unzählige Mückenschwärme im Sommer das Leben sonst unerträglich gestalten würden. Alle Höhlen besitzen verschließbare hölzerne Türen. Die Höhlenhöhe liegt zwischen 1,80 m und 1,90 m.

Einige Höhlen, wie z. B. die St. Michaelskirche, brauchten lediglich neu ausgeschachtet zu werden. Sowohl die Reste von Putz als auch koptische Graffiti an den Wänden deuten darauf hin, daß im 6. und 7. Jahrhundert diese Höhlen schon von Eremiten bewohnt waren. Als ich Abûnâ Nihamîâ daraufhin ansprach, bestätigte er meine Vermutung: „Für uns besteht kein Zweifel, daß Mönche aus dem Samuel-Kloster oder aus den Klöstern der Fajum-Oase sich hier niedergelassen haben. Von dem heiligen Samuel wird berichtet, daß er sich in die Einöde von Rayân zurückzog, um hier ungestört leben zu können. Ebenfalls zog sich Makarius von Alexandrien zur alljährlichen Passionszeit in diese Wüste zurück. Unser geistlicher Vater, Abûnâ Mattâ, behauptet sogar, daß unsere Michaelskirche dem heiligen Makarius als Höhle diente.

Aber auch schon vor der Besiedlung dieser Höhlen durch koptische Mönche war dieses Wâdî bewohnt. Einige unserer Väter haben in der unmittelbaren Umgebung mehrere Gräber entdeckt, deren Boden und Wände säuberlich verputzt waren. In einigen dieser Gräber fanden wir sogar Ton- und Glasscherben aus der römischen Zeit.

Die Höhle von Abûnâ Nihamîâ gehörte zum Typ der einräumigen Höhlen. An der Felswand hing eine Kerosinlampe, und auf dem wackeligen Tisch lagen eine größere Anzahl Bücher in arabischer, englischer und koptischer Sprache. Der junge Wüstenvater erklärte uns, daß die Akedie oder Beschäftigungslosigkeit eine der größten und gefährlichsten Versuchungen des mönchischen Lebens sei. „Es ist jener Zustand der Unlust zur Arbeit oder zum Gebet. Diese Langeweile führt zu einer inneren Unruhe und Unbeständigkeit und ist eine stetige Bedrohung für das geistliche Leben. Wir sind uns dieser Versuchung bewußt und erkennen in der Geduld eine spezifisch christliche Tugend. Unsere Väter mahnten ihre Jünger immer wieder zur Geduld. Der Mönch und ganz besonders der Eremit ist ja mehr noch als jeder andere Christ der Versuchung der Ungeduld ausgeliefert. Wir müssen gegen die ständige Bedrohung gerade dieser Versuchung gerüstet sein. Wir beten, ja, wir lesen und übersetzen die Worte unserer Väter in die arabische Sprache, denn nicht alle Mönche lesen englisch oder griechisch", erklärte Abûnâ Nihamîâ.

„Welche der vielen Väter bestimmen Ihren Lebensstil?" fragte ich. Inzwischen hatten sich Abûnâ Mûsâ und Abûnâ Ishaiâ zu uns gesellt und informierten uns über die Schriften, die ihr Leben am meisten prägten. „Natürlich lesen wir die ‚Historia Lausiaca' oder das ‚Paradies der Väter' des Palladius. Diese Erzählungen dienen uns als Vorbild. Abûnâ Ishaiâ hat längere Kapitel aus den ‚Frühen Vätern der Philokalia' aus dem Englischen ins Arabische übersetzt. Andere Mönche beschäftigen sich mit dem Text der ‚Paradiesesleiter' von Johannes Klimakus, in dem die mönchischen Tugenden und Laster beschrieben werden. Abûnâ Mattâ hat hier über dreißig Monographien über das geistliche Leben geschrieben, die auch in Kairo veröffentlicht worden sind."

Die Väter sprachen völlig unbelastet und offen über ihr Leben als Eremiten und wiederholten, daß sie für die Welt gestorben seien. „Wie Plato die Philosophie als eine Vorübung des Sterbens definierte, so verstehen wir die wahre Philosophie, nämlich den christlichen Glauben, als eine radikale Vorbereitung auf den Tod. Das bedeutet natürlich nicht, daß wir uns immer mit unserem Tod beschäftigen, denn unser Sterben ist ein Hineinschreiten in die göttliche Herrlichkeit, die wir im Gebet und in der Gemeinschaft mit Jesus Christus erfahren", erklärte uns Abûnâ Ishaiâ.

Nachdem wir mehrere Höhlen besucht hatten, folgten wir einem Trampelpfad, der uns zum Garten in der Senke des Wâdîs führte. Auf unserem Weg fragte Ken Abûnâ Mûsâ, einen der drei zum Priester geweihten Eremiten in der Gemeinschaft, warum sie gerade dieses Wâdî für das Einsiedlerleben gewählt hätten. „Für mehrere Jahre lebten wir im Samuel-Kloster in der Wüste von Qalamûn. Im Frühjahr 1958 verließen Abûnâ Mattâ und zwei unserer Väter das Kloster und zogen sich in dieses Wâdî zurück, wo sie eine Woche im Gebet verbrachten. Eines Abends, als sie durch das Wâdî gingen, erschien ihnen ein alter Mann, der vor dem Eingang einer Höhle saß. Als Abûnâ Mattâ auf den Altvater zuging, zeigte er sich erfreut, bat ihn zu sich und sagte: ‚Viele Jahre habe ich hier auf dich gewartet, komm und folge mir!' Der Altvater erhob sich und nahm Abûnâ Mattâ an seine Hand und zeigte ihm das Wâdî mit den Worten: ‚Diese Wüste will ich dir und deinen Vätern überlassen.' Als einer der Mönche den Altvater berühren wollte, verschwand die Erscheinung. Einige Tage später kehrte Abûnâ Mattâ zusammen mit den beiden Vätern zum Samuel-Kloster zurück. Im Herbst 1960 zog Abûnâ Mattâ mit sieben Vätern ins Wâdî Rayân, wo sie sich in unmittelbarer Nähe der Quelle von 'Ain al-Rayân al-Baharîya niederließen. Zuerst machten sich einige Beduinen über das Vorhaben der Mönche lustig, als sie aber spürten, daß die Wüstenväter entschlossen waren, sich dort anzusiedeln, zeigten sie sich bereit, ihnen zu helfen. Der greise Beduinenscheich wandte sich Abûnâ Mattâ zu und sagte: ,Als junger Mann habe ich in diesem Wâdî häufig nach verborgenen Schätzen gegraben und gesucht. Dabei habe ich eine Höhle entdeckt, die mir für Sie und Ihre Freunde gerade richtig erscheint. Ich möchte Sie gern dort hinführen.' Zuerst zögerte unser geistlicher Vater, sich dem alten Beduinen anzuvertrauen. Dann entschloß sich aber die ganze Gruppe, dem Scheich zu folgen. Nach einem Marsch von über zwei Stunden erreichten sie eine mit Sand und Steinen gefüllte Höhle. ,Dies ist der Ort, von dem ich sprach', sagte der Alte und wies auf den halb zugeschütteten Höhleneingang hin. Abûnâ Mattâ und seine Jünger verweilten bei der Höhle und erkannten in der Führung des Beduinenscheichs die Hand Gottes. Ostern 1961 zogen wir dann in diese Einöde, bauten die Höhlen aus und arbeiteten an unserem Garten. Aber schon wenige Wochen, nachdem wir uns hier niedergelassen hatten, verwüsteten die Beduinen unsere Anpflanzungen." Inzwischen hatten wir den aus Palmenzweigen geflochtenen Zaun erreicht, den die Mönche zum Schutz ihres Gartens errichtet hatten. Abûnâ Mûsâ zeigte uns den Brunnen und Abûnâ Ishaiâ führte uns zum Gemüsegarten, wo Tomaten, Bohnen, Wurzeln, Radieschen, eine Art von Spinat und kleine Palmenbäume angepflanzt waren. „Für die Gartenpflege fühlen wir uns alle verantwortlich", erklärte Abûnâ Mûsâ, „die Wasserversorgung für uns alle aber hat Abûnâ Ishaiâ übernommen. Mit Hilfe eines Esels bringt er das Wasser zu den Höhleneingängen." Abûnâ Ishaiâ nickte zustimmend und sagte: „Unseren Plan, Wasserrohre zu den Höhlen zu legen, konnten wir leider nicht verwirklichen, die Rohre liegen immer noch in meiner Höhle."

Auf unserem Weg zum Flugzeug lenkte Abûnâ Mûsâ unsere Aufmerksamkeit auf die vielen Muscheln und Fossilien, die verstreut im Wüstensand herumlagen. Immer wieder bückte er sich und präsentierte uns größere und kleinere Muscheln. „Diese Muscheln sind uns eine Warnung", sagte der Wüstenvater, „denn als Gott die ungeheure Bosheit der Menschen sah und erkannte, daß alles menschliche Sinnen und Trachten nur böse war, entschloß er sich, die Menschen von der Erde zu vertilgen, bis auf Noah und sein Haus. Er ließ die Erde überfluten, und das Ausmaß dieser Katastrophe sehen wir in diesem Wâdî, eine Warnung Gottes, unserer Berufung treu zu bleiben."

Dr. Harper, unser Geologe, der bis zu diesem Augenblick allen Worten der Väter schweigsam zustimmte, war von der theologischen Beweisführung für die Herkunft der Fossilien nicht überzeugt. „Tatsächlich war einst diese Senke überflutet. Und auch heutzutage existiert hier ein riesiges unterirdisches Wasserreservoir. Seit mehr als 80 Jahren haben englische, französische und ägyptische Geologen die Ausmaße dieses Wasserhaushalts studiert. In dem nächsten Wüstenentwicklungsplan ist auch schon in sehr konkreter Form die Bewässerung und die Bepflanzung dieses Wâdîs einbezogen", kommentierte Dr. Harper. „Die Beduinen haben uns schon über derartige Pläne berichtet", erwiderte Abûnâ Mûsâ, „aber diese Vorhaben erschrecken uns nicht, denn, wie Sie ganz richtig gesagt haben, seit 80 Jahren plant, redet und konzipiert die Regierung die Bewässerung dieser Wüste."

Als wir uns dem Flugzeug näherten, hatten sich Abûnâ Mattâ, Abûnâ Ilishâ, Abûnâ Ilîâ und Abûnâ Nihamîâ zum Abschied eingefunden. Abûnâ Mattâ kam auf mich zu und sagte: „Bitte behalten Sie diese Eindrücke für die nächsten paar Jahre für sich. Wie lange wir hier bleiben werden, ist nur Gott bekannt. Für uns bedeutet dieser Kampf eine Vorbereitung auf ein erfüllteres Leben."

Schon wenige Jahre später verwirklichte sich diese Weissagung. Im Jahre 1969 verließ Abûnâ Mattâ al-Maskîn mit seinen Jüngern das Wâdî Rayân und zog auf Anordnung des Papstes Kyril VI. in das Makarius-Kloster in der sketischen Wüste.

DAIR ABÛ MAQÂR

„Im Makarius-Kloster — Die klösterliche Renaissance
der koptischen Kirche"

In meinem Buch über „Die Mönche und Klöster der
ägyptischen Wüste" schrieb ich vor über zwanzig Jahren,
daß die Spiritualität der Wüstenväter das geistliche Leben der koptischen Kirche entscheidend bestimmt. In einer hierarchischen Kirche und einer paternalistischen
Gesellschaft bestimmen die Bischöfe und Metropoliten,
die sich aus den Klostergemeinschaften rekrutieren,
nicht nur die theologischen Aussagen, sondern auch das
Frömmigkeitsklima. Das in den fünfziger und sechziger
Jahren wiedererwachte Bewußtsein vieler ägyptischer
Christen, Glieder einer der ältesten christlichen Kirche
zu sein, ist zweifellos eine Reflexion der dynamischen
Renaissance in den klösterlichen Gemeinschaften, besonders in der sketischen Wüste, dem Wâdî 'n-Natrûn,
zwischen Kairo und Alexandrien. In keinem Kloster ist
diese geistliche Erweckung deutlicher spürbar als im Makarius-Kloster.
Noch vor zwanzig Jahren war der Besuch des Makarius-
Klosters ein beschwerliches Unternehmen. Einsam und
verlassen lag die alte Wüstenfestung in der unendlichen
Weite am südlichen Ausläufer der Wâdî-'n-Natrûn-Senke. Die unwegsame Wüste mit ihren weichen heimtücki-
schen Sanddünen schützte die sechs Mönche vor Besuchern. Jeder Klosterbesuch verlangte von mir höchste
Konzentration beim Testen der Härte des Wüstenbo-
dens, um ein Steckenbleiben zu verhindern. Ich ließ meinen Wagen einen Kilometer vor der hohen grauen Klostermauer in der baum- und strauchlosen Wüste stehen
— unweit der Ruine einer kleinen Klosteranlage, die aus
dem frühen Mittelalter stammte, aber schon im 14. Jahrhundert zerfiel. Von dort erreichte ich das Klostertor zu
Fuß. Unwillkürlich wurde ich jedes Mal an das biblische
„Nadelöhr" erinnert, jenes niedrige Tor, durch das man

nur gebückt gehen kann, und das Kamelen und anderen Lasttieren den Zugang zum Innenhof verhinderte. Nachdem ich mehrere Male an der 10 m langen Glockenleine gezogen hatte und die hellen Glockenschläge sowohl die Stille der Wüste als auch das geruhsame Leben der Klosterbrüder unterbrachen, öffnete Abûnâ Bûlus das eiserne Tor und geleitete mich zum Gästehaus.

Während Abûnâ Mikhâîl den Tee kochte, erzählte Abûnâ Bûlus von drei Besuchern, die sich in der Wüste festgefahren hatten, und unfreiwillig die Nacht im Kloster verbringen mußten. „Das war schlimm", erklärte der greise Wüstenvater, „denn die hatten eine Frau bei sich. Sie hat oben auf der Couch geschlafen, die Männer haben hier unten geschlafen. Sie wissen doch, das ist eigentlich verboten." Als ich das hörte, tat mir die im Kloster gestrandete Frau leid. Ich erinnerte mich an die Nächte, die ich in dem Obergeschoß verbracht hatte, an das mitternächtliche Knarren und Knistern der Decken- und Fußbodenbalken, die aufgrund der starken Temperaturunterschiede in der Wüste „arbeiteten". Ich dachte an das Quieken und Flattern der Fledermäuse, an das andauernde Klopfen der Holzwürmer im Gebälk, an das Miauen der Katzen im Innenhof und das Heulen und Bellen der Wüstenhunde vor dem Kloster, ganz zu schweigen von dem eingebildeten Krabbeln einer Vielzahl von Insekten.

Nach dem obligaten Begrüßungs-Tee führten mich Abûnâ Bûlus und Abûnâ Mikhâîl zur Makariuskirche. Während wir unsere Schuhe auszogen, sagte Abûnâ Bûlus: „Dies war einst nicht nur die größte, sondern auch die bedeutendste Kirche in der westlichen Wüste." Der Kirchenbesuch gleich nach der Ankunft war in diesem Kloster zu einem schönen Ritual geworden. Es ist nämlich eine alte Mönchstradition, den Gast zuerst in die Kirche zu führen. Schon die Altväter hatten Anweisungen erlassen zu prüfen, ob sich nicht in der Gestalt des Gastes ein Dämon einschleichen wollte. Hat sich dann im Gebet erwiesen, daß kein höllischer Spuk die Sinne narrte, war man in die Gemeinschaft aufgenommen, und es wurde gemeinsam gegessen. Ich erinnerte mich an einen Wüstenvater, der für sein tagelanges Fasten bei den Mönchen bekannt war, aber es sich nicht nehmen ließ, mit mir zu essen und in seine dünne Linsensuppe sein Fladenbrot zu bröckeln. Erst später wurde mir der tiefere Sinn dieser Haltung bewußt. Im Gast wird Jesus Christus aufgenommen und verehrt, in dessen Gegenwart die „Hochzeitsgäste" (Mt 9,15) nicht fasten können. Damit erhält die mönchische Gastfreundschaft und Mahlgemeinschaft einen geradezu eschatologischen Sinn.

„Diese Kirche wurde von unserem Papst Schenute I. (859–880) errichtet. Viele Jahre diente Schenute unserem Kloster als Verwalter. In dieser Zeit wurden viele Klöster gegründet. In der Wüste ließ er Wein- und Gemüsegärten anlegen, und unser Kloster erhielt eine Ölpresse und eine Getreidemühle. Der Südaltar, wo einst der Thron unserer Päpste stand, ist dem heiligen Benjamin geweiht. Der Nordaltar ist nach Johannes dem Täufer benannt", erklärte Abûnâ Bûlus. Abûnâ Mikhâîl, der den Beschreibungen seines Klosterbruders aufmerksam folgte, wußte zu berichten, daß wenigstens bis zum 14. Jahrhundert der Nordaltar dem heiligen Markus geweiht war, und daß hier auch das Haupt des Evangelisten für die Papstweihe aufbewahrt und verehrt wurde.

Abûnâ Bûlus schwieg entweder aus Höflichkeit oder Unkenntnis, und sein Kollege fühlte sich veranlaßt, uns über die Geschichte des Markushauptes zu belehren. „Murqus, unser erster Papst, starb den Märtyrertod in Alexandrien, wo er von den Gläubigen in der Markuskirche zu Baukalis bestattet wurde. Als die Araber im Sommer 646 Alexandrien von den Byzantinern zurückeroberten, wurde die Markuskirche zerstört. Aber durch ein Wunder wurde das Haupt unseres Evangelisten vor der Zerstörung durch die Söhne Hagars, nämlich die Araber, bewahrt. Der Kapitän eines im Hafen liegenden Schiffes rettete das Haupt vor dem Zugriff der Araber und übergab es unserem Papst Benjamin I. Zu Beginn des 9. Jahrhunderts kamen zwei Kaufleute aus Venedig nach Alexandrien, um die Reliquien unseres Evangelisten zu stehlen. Sein Haupt aber ließen sie zurück. Im 11. Jahrhundert, so berichtet unsere Geschichte, war der Kopf des heiligen Markus in unserem Kloster, als ein türkischer Prinz ihn von unseren Mönchen erwarb. Daraufhin bezahlte der Kreuzträger Bukairah 300 Dinare und der Schatz gelangte wieder in christliche Hände. Aufgrund der Gefahren, denen wir in der Wüste ausgesetzt waren, wurde das Markushaupt nach Alexandrien überführt, wo viele Jahre lang die Reliquie heimlich von Haus zu Haus getragen wurde."

Abûnâ Bûlus hüllte sich immer noch in Schweigen. Nach einer Weile wandte er sich mir zu und sagte: „Ich kenne diese Geschichten, aber einige unserer alten Manuskripte berichten auch, daß alle Markusreliquien von den Venezianern gestohlen wurden, und wir für viele Jahrhunderte das Haupt des Märtyrerpapstes, des heiligen Petrus von Alexandrien, verehrten. Für mich ist das nicht so entscheidend. Sie müssen verstehen, alle Ägypter klammern sich an ihre Ahnen. Unsere vorchristlichen Vorväter errichteten die Pyramiden und bestatteten ihre Könige und Edelleute in reich ausgeschmückten Gräbern. Für uns Kopten, und besonders für uns Mönche, sind die Reliquien unserer Heiligen und Päpste eine immer gegenwärtige Bestätigung unserer apostolischen Herkunft und unserer christlichen Tradition, der wir ja nun schon seit 1400 Jahren in einer mehr oder weniger feindlichen Umwelt unsere Treue bewiesen haben."

Während Abûnâ Bûlus mit mir sprach, gingen wir zu dem aus zwei übereinander liegenden Borden bestehenden Reliquar, in dem die Gebeine von mindestens zehn Päpsten aus dem 9.–12. Jahrhundert in langen, mit Samt umwickelten Schatullen ruhten. „Vom 10.–14. Jahrhundert war unser Kloster der offizielle Sitz unserer Päpste", erklärte Abûnâ Bûlus, „und das ist der Grund für unsere päpstliche Nekropole."

Abûnâ Mikhâîl versuchte, meine Aufmerksamkeit auf die Ikonen an den Altar- und Chorschranken zu lenken. Außer einigen byzantinischen Apostelikonen, die einst eine griechische Kirche schmückten, fielen mir die Darstellungen der drei Makarii auf, nämlich Makarius des Großen, Makarius, des Bischofs von Thmuis und Makarius von Alexandrien. Die drei identisch gemalten Figuren mit ihren langen weißen Bärten und gekleidet in schwarze Gewänder mit hohen spitzen Kapuzen, erinnerten mich an Nikolaus-Gestalten aus einem deutschen Märchenbuch.

„Wir verehren zwar alle drei Makarii in dieser Kirche, aber bekannt ist unser Kloster nach Makarius dem Großen", belehrte mich der Mönch und erzählte in groben Zügen seinen Lebenslauf: „Unser Vater Makarius war der Sohn eines Dorfpfarrers. Schon als Kind lernte er die Worte der Heiligen Schrift. Wie es bei uns nun einmal der Brauch ist, entschieden seine Eltern, wann und wen ihr Sohn heiraten sollte. Makarius aber berührte seine Frau nicht. Seinen Unterhalt erarbeitete er sich als Kameltreiber. Eines Tages, als er eine Karawane durch dieses Wâdî führte, erschien ein Engel und versprach ihm, daß er und seine Jünger diese Wüste bewohnen würden. Makarius verteilte seine bescheidene Habe unter die Armen und ließ sich als Einsiedler unweit eines Nachbardorfes nieder. Da verbreitete eine junge Frau aus der Umgegend die Nachricht, daß Makarius sie vergewaltigt habe. Erbost über diese frevelhafte Tat, schmähten die Dorfbewohner unseren Vater und hingen ihm schmutzige Pfannen und Töpfe um den Hals und schlugen auf ihn ein. Nach der Geburt des Kindes bekannte die junge Mutter, daß ein anderer der Vater sei. Mit diesem Bekenntnis war nicht nur das Ansehen unseres Mönchsvaters wieder hergestellt, sondern die Fellachen verehrten ihn als einen Heiligen, der so geduldig und demütig Schimpf und Schande ertragen hatte. Dann zog sich Makarius in diese Wüste zurück, wohin ihm viele folgten, unter ihnen auch die Kaisersöhne Maximus und Domitius. Dieses Kloster wurde zum Mittelpunkt des mönchischen Lebens; aber unser Vater blieb seinem Vorsatz treu und lebte als Einsiedler in einer Höhle, die durch einen langen Tunnel mit einer der Zellen verbunden war. Nach seinem Tod folgte ihm der heilige Paphnutius als Vater der sketischen Wüste. Von ihm wird berichtet, daß er das Alte und das Neue Testament nicht nur erläutern, sondern auswendig rezitieren konnte."

„Das stimmt schon", fügte Abûnâ Bûlus hinzu. „Der heilige Makarius ist für uns nicht nur eine geschichtliche Person, er ist unser Mönchsvater, der mit und unter uns lebt. Seine Ikonen und seine Reliquien führen wir auch immer mit uns, wenn wir je nach der Jahreszeit unsere Gottesdienste in den verschiedenen Kirchen unseres Klosters halten."

Abûnâ Mikhâîl bekräftigte die Worte seines Klosterbruders. „Unsere Heiligen sind so eng mit uns verbunden, daß, wenn unsere Brüder in der Welt oder auch wir leiden, sie die Schmerzen mittragen. Dann fließen Tränen von ihren Bildern. Das ist in unserer Geschichte häufig bezeugt. Wir stehen in dem Kampf mit den irdischen Fürstentümern und Gewalten nicht allein. Unsere Väter fühlen mit uns und tragen auch unsere Lasten."
„Warum sollten die Heiligen über das Unglück und die Trauer ihrer Brüder auf Erden nicht weinen?" erwiderte ich. „Die Gabe der Tränen gehört doch nun einmal zu den Charismen, die wir leider völlig vergessen oder auch verdrängt haben. Im Leben der Väter haben die Tränen doch immer eine große Rolle gespielt, sie sind geradezu ein Mysterium, das den Menschen zur innersten Erkenntnis führt." Als ich mit dem Wüstenvater über das Geheimnis der Tränengabe sprach, fiel mir die schöne Oration des Missale Romanum ein: „Allmächtiger, milder Gott, du hast dem dürstenden Volk einen Quell lebendigen Wassers aus dem Fels entspringen lassen; laß aus dem harten Gestein unseres Herzens Tränen der Zerknirschung hervorströmen, damit wir unsere Sünden

Innenhof mit Kirche der 49 Märtyrer, Makarius-Kloster

185

beweinen können und so durch dein Erbarmen Nachlaß für sie erlangen."

Meine beiden Begleiter bestanden darauf, die kleine Kirche der 49 Märtyrer zu besuchen. Der Bau stammt aus dem 18. Jahrhundert, um des Martyriums der Mönche zu gedenken, die bei dem Berberüberfall auf das Kloster im 5. Jahrhundert freiwillig den Tod wählten und sich nicht in den Wehrturm zurückzogen. Beim Betreten der Kirche wurden wir von Abûnâ Sama'ân begrüßt, der sich von seiner Strohmatte erhob und auf uns zuging. „Dies ist die Kirche der asch-Schiyûkh", sagte er und wies auf eine zementierte Erhebung im westlichen Kirchenschiff. „Dort sind ihre Gebeine, die vor 500 Jahren in unser Kloster überführt wurden. Bis zu der Zeit waren sie außerhalb unseres Klosters."

Der mitteilsame Abûnâ Mikhâîl fügte hinzu, daß das Martyrium der 49 Märtyrer dem Kloster viel Reichtum eingebracht habe. „Wieso kann der Tod von Mönchen dem Kloster wirtschaftlich dienlich gewesen sein?" fragte ich. „Das will ich Ihnen erklären. Als die Kaiserstochter Hilaria von der Opferbereitschaft der 49 Mönche im Makarius-Kloster erfuhr, entschied sie sich für das klösterliche Leben. Verkleidet als kaiserlicher Bote, reiste sie nach Alexandrien und von dort in die Wüste, wo sie den heiligen Pambo traf. Trotz ihrer zarten Natur wurde ihr eine Zelle zugewiesen. Da sie bartlos war, nannten die Väter sie ,Hilarius der Eunuche'. Inzwischen war ihre jüngere Schwester erkrankt, und der Kaiser beschloß, seine Tochter zu ihrer älteren Schwester nach Ägypten zu schicken. Bei ihrer Ankunft erfuhr sie von einem Wüstenmönch, der aufgrund seiner Heiligkeit vielen Kranken geholfen hatte. Die Prinzessin begab sich in die Wüste, und Hilarius heilte sie auf wunderbare Weise. Nach ihrer Rückkehr berichtete sie ihrem erkrankten Vater über das Wunder, das sie in der Wüste erfahren hatte. Der Kaiser befahl den Wüstenvater an seinen Hof nach Konstantinopel. Als Hilarius vor dem Kaiser erschien und ihn von seiner Krankheit befreite, offenbarte er ihm seine wahre Identität mit der Bitte, das Geheimnis zu bewahren. Aus Dankbarkeit für die Heilung seiner Tochter erließ der Kaiser die Anordnung, nach der den Makarius-Mönchen jährlich 3000 Ardebs Weizen und 600 Maß Öl zuteil werden sollten."

„Wie ich Ihnen schon erzählte", fuhr Abûnâ Bûlus fort, „war dieses Kloster einst von vielen Mönchen bewohnt. Der heilige Epiphanius Hagiopolites besuchte das Makarius-Kloster im 9. Jahrhundert und zählte über 1000 Mönche. Unsere Geschichtsschreiber berichten, daß 70000 Mönche dem islamischen Eroberer 'Amr ibn al-'Asî entgegengingen und 50000 Mönche die beiden Makarii begrüßten, als sie aus ihrem Exil zurückkehrten. Heute sind wir sechs alte Mönche in unserem Kloster. So haben sich die Zeiten geändert!"

„Die fünfstelligen Zahlen, von denen Sie sprachen, sind wohl ein wenig übertrieben", erwiderte ich, „aber dennoch wissen wir, daß im 11. Jahrhundert über 400 Mönche in diesem Kloster wohnten, fast die Hälfte aller Mönche in dieser Wüste." Ich versuchte, den alten Wüstenvater zu trösten, und erzählte ihm von der Weissagung unseres Herrn Jesus Christus: „Als nämlich die heilige Familie auf ihrer Flucht nach Ägypten am Wüstenrand des westlichen Nildeltas nilaufwärts reiste, erblickten sie in weiter Ferne die sketische Wüste. Jesus, der von der Weite der Wüste überwältigt war, sprach zu seiner Mutter: ‚Höre zu, Mutter, in dieser Wüste werden viele Mönche, Asketen und Kämpfer mit geistlichen Waffen wohnen, und sie werden Gott dienen wie die Engel', und Jesus segnete die Wüste. Wer weiß, wann die Zeit kommen wird, daß auch diese Worte wieder verwirklicht werden", sagte ich.

Über steinerne Stufen gelangten wir zu einer hölzernen Ziehbrücke, die uns in den Wehrturm führte. „Dies ist der schönste Wehrturm in ganz Ägypten", erklärte Abûnâ Mikhâîl. „Wir besitzen hier noch vier weitere Kirchen, die Gottesmutter-Kirche, die Michaels-Kirche, die Kirche der heiligen Klostergründer, nämlich Antonius, Paulus und Pachomius, und die Kirche der Wüstenwanderer." Der Boden der dunklen Korridore und halbdunklen Kirchen war mit penetrant riechendem Tauben- und Fledermausschmutz bedeckt. Ich war mir bewußt, daß wohl nur die europäischen Bibliophilen, die seit dem 18. Jahrhundert fast jedes Jahrzehnt die Gemächer dieses Turmes nach alten koptischen und syrischen Manuskripten durchstöberten, diesem Teil des Klosters ihre Aufmerksamkeit geschenkt hatten. Zu Beginn des 17. Jahrhunderts, so berichtet eine Notiz an der Kirchenschranke der Wüstenwanderer-Kirche, wurden die Wände mit mannsgroßen Darstellungen einiger Eremiten bemalt. Ich erkannte den heiligen Samuel von Qalamûn, den heiligen Abraham mit seinem Freund, dem heiligen Georg. Da war der heilige nackte Onuphrius, dessen Bart sogar seine Füße bedeckte, und der heilige Bigimi, der 4800 Gebete täglich sprach und mit seinem 80-tägigen Fasten die bisherigen Rekorde aller anderen Väter übertraf.

„Von großem künstlerischen Wert sind diese Malereien ja gerade nicht", sagte ich meinem Begleiter, der mich verständnislos ansah. Ich ertappte mich dabei, wie leider so häufig, daß ich das orientalische Christentum, seinen Frömmigkeitsausdruck in der Liturgie und in der Kunst, nach europäischen Maßstäben beurteilte. Das ist eine solch fatale Angewohnheit, die leider weitverbreitet ist unter westlichen Christen und besonders unter Theologen. Diese Kulturhybris wirkt derart zerstörerisch, daß sie jedem Europäer den Sinn für die tieferen Erkenntnisse der orientalischen Religiosität verschließt.

Eine dunkle Treppe führte uns auf das Dach des Wehrturms, von wo wir nach allen Himmelsrichtungen nur die Unendlichkeit der Wüste vor Augen hatten. Am östlichen Horizont konnten wir einen Bohrturm unweit der Wüstenstraße Kairo-Alexandrien erkennen. „So ruhig haben es die Väter in den anderen Klöstern nicht; in deren Nähe wird schon seit Jahren gearbeitet, um die Wüste zu bepflanzen. Vor dem Bischoi-Kloster haben sie nicht nur ein internationales Jugendlager, sondern sogar eine Moschee errichtet – Das ist doch eine unverschämte Provokation! Jetzt belästigen uns die Musleme schon in unserer Wüste, wo wir seit 1600 Jahren gelebt haben", sagte Abûnâ Bûlus, der über die Bedrohung des christlichen Erbes tief besorgt war.

Ich versuchte, mich in die Lage des greisen Wüstenvaters zu versetzen, der seit Jahrzehnten mit einer kleinen Schar alter und zum Teil kranker und gebrechlicher Väter pflichtgetreu die Stundengebete und die eucharistischen Feiern nach den Vorschriften der Kirche vollzog. Als ich ihn von meinem Mitgefühl überzeugt hatte, flüsterte er mir zu: „Vor einigen Monaten habe ich etwas aus meinem Dorf gehört: Da wurde ein Abtrünniger wieder in unsere Kirche aufgenommen. Das sollte eigentlich keiner wissen, obwohl Christen zum Islam übertreten können, und das geschieht ja leider sehr häufig in diesen Tagen; das Umgekehrte ist strengstens untersagt. Das ist natürlich auch eines der vielen Zeichen der ‚Letzten Tage‘."

„Gibt es dafür einen besonderen Wiederaufnahme- oder Versöhnungsgottesdienst?" fragte ich. „Ja, den gibt es, aber nur sehr wenige Christen und Priester wissen etwas über diesen Gottesdienst. Wir nennen ihn die ‚Krug-Handlung‘. Der Priester säubert dabei den ganzen Körper des reumütigen Apostaten mit besonders dafür geweihtem Wasser und anschließend reibt er den Oberkörper mit geweihtem Öl ein, um den für die Kirche Gestorbenen wieder zum Leben zu erwecken. Denn wir glauben, daß derjenige, der eine andere Religion angenommen hat, gestorben ist. Das gilt auch für Christen, die mit Muslemen – wie soll ich sagen – ein Verhältnis gehabt haben. Natürlich wird dabei auch aus der Heiligen Schrift gelesen, wie zum Beispiel die Geschichte vom Verlorenen Sohn."

„Eines Tages wird auch für uns die Zeit kommen, daß man bei unserem Kloster nach Wasser bohren wird. Unser Vater, der heilige Makarius, hat einmal gesagt:

‚Wenn die Zeit gekommen ist, daß ihr in dieser Wüste viele Zellen sehen werdet und ihr Bäume und Sträucher vor den Klostertoren wachsen seht und ihr viele Jugendliche in dieser Wüste vor euch seht, dann ist die Zeit gekommen zu entfliehen.' Und diese Zeit steht jetzt vor der Tür." Als wir gemeinsam über die Zukunft der Klöster in der Wâdî-'n-Natrûn-Senke sprachen, waren wir uns beide nicht bewußt, daß nur wenige Jahre später tatsächlich Bäume und Sträucher vor den Klostertoren wachsen und im Makarius-Kloster über 100 Zellen gebaut würden.

Vor dem Gästehaus verabschiedeten sich die beiden Väter. Inzwischen hatte Abûnâ Sama'ân für mich gedeckt und Fladenbrote, Schafskäse, geschnittene Zitronen, Ölsardinen und Thunfisch bereitgestellt. Wie in den meisten klösterlichen Gästehäusern, so waren auch hier die Wände des Empfangssalons, wo ich mein Essen einnahm, mit Bildern der sechs letzten Päpste geschmückt. Abûnâ Sama'ân, der auf mich zuerst einen ruhigen, fast schüchternen Eindruck gemacht hatte, teilte mir seine Beurteilungen mit über die koptischen Hierarchen, die auf uns herabsahen. „Ganz links, das ist Kyril IV. (1854–1861). Er war einer unserer besten Päpste. Wir nennen ihn den großen Reformator unserer Kirche. Er ließ das koptische College bauen und errichtete Schulen, in denen auch Fremdsprachen unterrichtet wurden. Auch für die theologische Ausbildung der Priester tat er sehr viel. Als man in Europa noch nicht an die ökumenische Bewegung dachte, pflegte er schon gute Beziehungen zu den Anglikanern und den Griechen. Das ist leider heute alles vergessen. – Der zweite Papst ist Demetrius II. (1862–1870). Er war Mönch in unserem Kloster. Seine Einstellung zu den anderen Kirchen, besonders zu den Protestanten, in denen er eine Bedrohung für seine Kirche sah, war feindselig. Er war aber sehr geschätzt an den Höfen der Khediven und beim Sultan."

Abûnâ Sama'ân zeigte dann auf das Bild von Kyril V. (1875–1927). „Das war eine schwere Zeit für unsere Kirche und auch für unsere Klöster. Der Papst hatte viel Ärger mit den Gemeinderäten, den Äbten und der heiligen Synode. Zwischendurch wurde er in die Verbannung geschickt, dann wieder nach Kairo geholt. Es war eine unerfreuliche Zeit. − Der nächste Papst war Johannes XIX. (1928−1942). Er war ein guter, weiser und friedliebender Mensch. − Makarius III. (1942−1945) kam aus dem Bischoi-Kloster. Auch er hatte Schwierigkeiten mit den Gemeinderäten und der heiligen Synode."

Zwischen den Fenstern hingen die Bilder der beiden letzten Päpste. „Diese beiden Päpste sind so unterschiedlich wie Tag und Nacht. Joseph II. (1946−1956) war für unsere Kirche kein guter Papst. Er versprach viel, aber seine Versprechungen hat er nicht gehalten. Mehrere Male haben die Gemeinderäte und die heilige Synode ihn aufgefordert abzutreten. Man hat sogar versucht, ihn zu vergiften. Das waren schlimme Zeiten für unsere Kirche. − Und das letzte Bild, das ist unser Papst Kyril VI. Er ist ein guter Mensch, der viel für unsere Klöster tut. Er ist ein wahrer Heiliger, der die Gabe besitzt, Kranke zu heilen, Dämonen auszutreiben und er kann die ‚Zeiten' lesen. Viele Jahre lang hat er in dieser Wüste gelebt", erklärte mir der Mönch. „Dann hatten Sie gute, mittelmäßige und schlechte Päpste", erwiderte ich. − „Wie überall im Leben, warum sollte es bei den Päpsten anders sein? In unserem Kloster haben viele Päpste gelebt und sind auch viele gestorben und begraben", sagte der Wüstenvater mit resignierendem Tonfall. „Es stimmt schon, was viele Leute sagen, die Päpste sind so gut oder so schlecht wie die Mönche. Die Mönche dieses Klosters haben in unserer Geschichte für viele Jahrhunderte eine bedeutende Rolle gespielt. Wir hatten das Privileg, gemeinsam mit den Ältesten aus Kairo und Alexandrien die Kandidaten für die Papstwahl vorzuschlagen."

„Dann waren Sie auch allen politischen Intrigen ausgesetzt", sagte ich. „Sie haben recht, einer unserer Päpste, Michael V., wurde schon nach drei Monaten in seinem Amt von unseren Mönchen ermordet. Gegen Kyril III.

haben unsere Väter revoltiert, denn er wollte unserem Kloster die Selbständigkeit nehmen. Bei den Päpsten müssen wir als Mönche immer aufpassen, das hat uns die Geschichte gelehrt."

Ich hatte den Mönchen des Bischoi-Klosters versprochen, vor Sonnenuntergang wieder zurück zu sein, und so bereitete ich mit einigen gewählten Worten meinen Abschied vor. Genau wie die Begrüßung im Kloster eine schöne, aber oft zeitlich ausgedehnte Zeremonie ist, so kann auch der Abschied ein langwieriger, mit orientalischen Höflichkeitsformen ausgeschmückter Ritus sein.

Abûnâ Bûlus und Abûnâ Mikhâîl kamen langsamen Schrittes aus ihren Zellen, bekleidet mit ihrem abgetragenen grauschwarzen Mönchsgewand, auf dem Kopf die braune Filzkappe der Fellachen und an den Füßen die üblichen Hausschuhe, bei denen – wie fast bei allen Ägyptern – die Hacken heruntergetreten waren, um ein unbeschwertes Hineinschlüpfen zu ermöglichen.

„Warum wollen Sie denn jetzt schon gehen?" fragte Abûnâ Bûlus. „Nun, zum Bischoi-Kloster folgen Sie dem alten Eremitenpfad, die Väter nannten ihn den ‚Weg der Engel‘. Es ist ein Kamelpfad, der am ‚Baum des Gehorsams‘ vorbeiführt. Von dem Baum ist leider nichts mehr zu sehen. Die Reisenden des 18. Jahrhunderts haben sich an dem Baum noch orientieren können. Das war der Stab des heiligen Amon, den der heilige Johannes der Kleine drei Jahre lang bewässerte und der daraufhin Wurzeln schlug. Um den Baum gründete Johannes ein Kloster, das bis ins 17. Jahrhundert noch von Mönchen bewohnt war. Dann zerfiel es, und heute ist kaum noch etwas davon zu sehen. Man sagt, daß der ‚Baum des Gehorsams‘ zu den Sträuchern gehörte, von dessen Zweigen die Dornenkrone für unseren Herrn Jesus Christus geflochten worden war." Nach diesen Worten folgten die landesüblichen „Salams". „Aber fahren Sie vorsichtig, Sie kennen ja die Wüste!" Mit diesen gut gemeinten Ratschlägen von den Vätern verließ ich das Kloster.

Koptischer Mönch, Makarius-Kloster

193

Zwanzig Jahre nach meinem ersten Besuch im Makarius-Kloster stand ich wieder vor den Klostertoren. Ich hätte das Kloster nicht wiedererkannt, wenn ich nicht laufend über die geistlichen, personellen und baulichen Entwicklungen in den koptischen Klöstern informiert worden wäre. Mein Interesse war durch die sensationelle Verlautbarung des Reliquienfundes biblischer Personen im Makarius-Kloster geweckt worden. Am Sonntag, dem 18. November 1978, veröffentlichte die halbamtliche Kairoer Tageszeitung *Al-Ahram*, daß „Reste vom ganzen Körper Johannes des Täufers in einem hölzernen Sarg im Makarius-Kloster entdeckt wurden, und daß ebenfalls ein Schädel gefunden wurde, von dem die Mönche behaupten, er könne der des enthaupteten Vorläufers Jesu Christi sein". Dieser Schädel war einer von dreizehn, die in einem Haufen von Skeletten gefunden wurde. Abûnâ Yaqûb, der bei der Entdeckung anwesend war, erklärte, daß sowohl die alten koptischen Manuskripte als auch die kirchlichen Überlieferungen bestätigten, daß das Haupt Johannes des Täufers in der Nähe des Altars im Kloster begraben worden sei, und daß andere Teile des Körpers in der syrisch-orthodoxen Kirche zu Homs in Syrien bestattet wären.

Zwei Tage später berichteten die internationalen Presseagenturen, daß nicht nur die körperlichen Reste von Johannes dem Täufer, sondern auch die des alttestamentlichen Propheten Elischa vor zwei Jahren von den Mönchen des Makarius-Klosters gefunden worden seien. Abûnâ Yûhânnâ als Sprecher für Abûnâ Mattâ al-Maskîn, den geistlichen Vater des Klosters, behauptete in einem Interview mit der Kairoer Zeitung *Al-Akhbar*, daß die Gebeine dieser beiden Heiligen unter dem Boden der Makarius-Kirche verborgen waren und bei den Renovierungsarbeiten im Kirchenschiff gefunden wurden. Die Entdeckung war bewußt geheim gehalten worden, um die Ergebnisse eines von Papst Schenute III. eingesetzten Untersuchungsausschusses abzuwarten. Durch einen Zufall stieß ein Zeitungskorrespondent,

194

Herr Ezzat al-Saadany, auf den Sarg, der in seiner Anwesenheit geöffnet wurde. Dieser bestätigte, daß der Körper unverwest war: „Im Kerzenlicht erkannte ich sein gutmütiges Gesicht, sein Haar erschien eher dunkel als hell, und der lange Bart hatte sowohl weiße als auch dunkle Haare. Die gefalteten Hände lagen auf seiner Brust, der Körper lag leicht auf der rechten Seite." Wenige Tage später berichtete die internationale Presse in Schlagzeilen über die „wichtigste archäologische Entdeckung seit vielen Jahrhunderten", und sowohl Zeitungs- Radio- und Fernseh-Korrespondenten als auch Tausende von Pilgern und Schaulustigen eilten in Taxen, PKWs und Bussen in die Wüste. Eine Woche nach der Verlautbarung der Entdeckung der Gebeine, erklärte Papst Schenute III. in einem Fernsehinterview, daß dieser Körper nicht der einer enthaupteten Person sei und die Tatsache, daß er priesterliche Gewänder trage, den alttestamentlichen Propheten ausschließe. Wahrscheinlich sei, daß es sich um einen der vielen Päpste handele, die in dem Makarius-Kloster ihre letzte Ruhe gefunden haben.

Unbeirrt von den skeptischen Äußerungen des Papstes und den kritischen Beurteilungen der Experten, bestanden die Mönche des Makarius-Klosters auf ihren Erklärungen, die Reliquien Johannes des Täufers und des Propheten Elischa in ihrem Kloster zu besitzen.

Einige Tage nach der offiziellen Bekanntmachung durch die Presse besuchte ich Papst Schenute III. Vor seinem allwöchentlichen Predigtgottesdienst in der Markus-Kathedrale in Abbasiyah in Kairo hatte ich Gelegenheit, ihm mein Anliegen vorzutragen. „Sie möchten etwas über die Reliquienentdeckung von mir wissen", sagte der Heilige Vater, bevor ich ihn nach Einzelheiten fragen konnte. „Es wäre schön", sagte ich, „wenn Eure Heiligkeit dazu Stellung nehmen könnte." Der Papst sah mir in die Augen, klopfte auf meine Schulter und lachte. „Fahren Sie ins Kloster und informieren Sie sich selbst. Seit Jahrzehnten haben Sie die Altertümer unserer Kir-

che studiert. Sie finden schon eine Antwort. Ich kann im
Augenblick nichts dazu sagen, wir müssen auf den Bericht der von mir eingesetzten Kommission warten."
Am folgenden Morgen fuhr ich in die Wüste. Am Rande
der Wüstenstraße wies ein deutlich erkennbarer zwei-
sprachiger Wegweiser zum Makarius-Kloster. Eine aus-
gefahrene Sandpiste führte zum neuen Klostereingang.
Zufälligerweise wurde ich von drei Mönchen empfangen, die Zeugen der Entdeckung waren: Abûnâ Yuhân-
nâ, Abûnâ Yaqûb und Abûnâ Mînâ. Leider konnte ich
Abûnâ Mattâ al-Maskîn nicht sprechen, da er sich für
mehrere Tage in seine Höhle außerhalb des Klosters zurückgezogen hatte. In dem neuen Empfangsraum, links
vom Eingang, warteten ägyptische Studenten, Journali-
sten und ein französisches Fernseh-Team. „Wir wußten,
daß Sie eines Tages kommen würden", sagte einer der
jungen Mönche, „Sie werden das Kloster kaum wieder-
erkennen." Für eine Weile sah ich mich im Kloster um.
Überall wurde gearbeitet, Mönche und Bauarbeiter
schleppten Steine und Geröll. Es wurde gehämmert und
gesägt. Unwillkürlich mußte ich an die Stille des alten
Makarius-Klosters denken.
Für das Makarius-Kloster begann mit dem Jahr 1969 eine
neue Zeitepoche, als Papst Kyril VI. Abûnâ Mattâ al-
Maskîn und seinen elf Mönchen befahl, die Einsiedelei-
en im Wâdî Rayân zu verlassen und das im Verfall be-
findliche Makarius-Kloster neu zu beleben. Zehn Jahre
lang hatten die jungen Akademiker-Mönche in der Stille
und Einöde ihrer Höhlen gelebt. Hier wartete auf sie eine neue Aufgabe. Abûnâ Mattâ erkannte in diesem Auftrag eine Gelegenheit, die tiefe Spiritualität der Altväter
im 20. Jahrhundert neu aufleben zu lassen. Die Klosteranlagen wurden von oben bis unten saniert. Alte Gebäude wie zum Beispiel das Gästehaus, die keine geschichtliche Bedeutung hatten, wurden abgerissen. Unter der
Leitung der als Ingenieure und Architekten ausgebilde-
ten Mönche entstand in wenigen Jahren ein neues Kloster. Über 150 Zellen wurden errichtet, jede mit einem

Raum für das geistliche und geistige Leben, einem Schlafzimmer, einem Bad und einem Wohnraum. In dem neuen Refektorium mit dem langen Mitteltisch versammeln sich die achtzig Mönche täglich zum gemeinsamen Agape-Mahl. Helle und einladende Empfangsräume wurden in den letzten Jahren für den stetig wachsenden Besucherstrom errichtet. Die neue Klosterbibliothek mit ihren 72 Bücherschränken enthält die umfassendste Sammlung theologischer Literatur in Ägypten. Dank der Großzügigkeit der ägyptischen Regierung, die dem Kloster 300 Feddane Wüste überließ, ist die gesamte Klosteranlage um das sechsfache vergrößert worden. Die geschichtlich bedeutsamen Gebäude sind erhalten. Mehrere ägyptische und deutsche Archäologen wurden bei den Renovierungsarbeiten und Vergrößerungsplänen der Makarius-Kirche konsultiert.

Abûnâ Yûhânnâ, der neben seiner Funktion als einer der Gastpater auch Verantwortung für die Bauarbeiten trug, wandte sich mir zu und erklärte: „Entschuldigen Sie bitte, aber Sie sehen, wie wir alle beschäftigt sind. Ein Kloster umzubauen, so daß die kunsthistorischen Werte erhalten bleiben, und gleichzeitig Raum für neue Gebäude zu schaffen, verlangt viel Planung und ständige Wachsamkeit. Natürlich müssen wir den alten Wehrturm mit seinen vielen Kapellen restaurieren, dasselbe gilt auch für die kleine Kirche der 49 Märtyrer. Die alten Zellen, Latrinen und Versorgungsgebäude haben wir schon abgerissen."

Mein Interesse galt mehr der Gestaltung des klösterlichen Lebens als den baulichen Erneuerungen, und so fragte ich: „Wie können Sie in einer so großen klösterlichen Gemeinschaft die Spiritualität, die Sie in den Höhlen im Wâdî Rayân erlebt haben, nachvollziehen?"

Abûnâ Yûhânnâ erläuterte mir die Grundzüge des geistlichen Lebens, wie es im Makarius-Kloster praktiziert wird. „In vieler Hinsicht ist das klösterliche Leben in unserer Gemeinschaft doch ganz anders als in den übrigen koptischen Klöstern, obwohl auch da Ansätze zu einer geistlichen Erneuerung erkennbar sind. Bestimmt und geprägt ist unsere Spiritualität durch die Vorstellungen unseres geistlichen Vaters. So kennen wir nur eine Voraussetzung für den Eintritt in unser Kloster. Wenn Bewerber einmal eine ehrliche und tiefe Liebe zu Gott verspürt haben, nehmen wir uns ihrer bereitwillig an. Wir kennen nur ein Gesetz, und das ist, nach dem Willen Gottes zu leben, wie Er es uns in der Heiligen Schrift geheißen hat. Das Gesetz unseres Klosters ist die Liebe, Liebe ohne menschliche Gesetzlichkeiten oder Verpflichtungen. Abûnâ Mattâ, der über dreißig Jahre die verschiedenen Formen des mönchischen Lebens erfahren hat, nimmt sich der individuellen Bedürfnisse jedes Einzelnen an und begleitet ihn auf seiner geistlichen Pilgerreise. Das bedeutet nicht, daß alle Mönche wie Schablonen nach einem Muster geprägt werden. Im Gegenteil, unser geistlicher Vater ist sehr besorgt, daß jeder Mönch seine von Gott erhaltene Persönlichkeit in seinem geistlichen Leben voll entfalten kann. Wir besitzen auch keine Gesetze, die Strafen vorschreiben, denn wir meinen, daß die Liebe umfassender und stärker ist als alle Bußübungen. Unser Klosterleben ist kontemplativ, aber auch aktiv, sonst hätten wir die vielen Erneuerungen in diesem Kloster gar nicht vollbringen können. Im Wâdî Rayân haben wir unsere Höhlen selbst ausgeschachtet und gebaut. In diesem Kloster arbeiten wir alle, jeder nach seinen Fähigkeiten, einen neuen geistlichen Mittelpunkt für unsere Kirche zu schaffen. Es gibt für uns keinen Unterschied zwischen säkularer und geistlicher Arbeit, zwischen Felder bewässern, Kühe melken, Schutt wegtragen und dem Gebetsleben. In allem, was wir tun, versuchen wir, Gott zu preisen. Dadurch wachsen wir in unserer persönlichen Spiritualität und in dem Bewußtsein, eine neue Gemeinschaft zu bauen."

„Für die koptische Kirche sind diese Gedanken doch geradezu umwälzend. Auf der einen Seite halten Sie sich an die Überlieferungen der Väter, auf der anderen Seite aber bezeugen Sie eine geistliche Spannweite, wie wir sie doch bei den Vätern nur selten finden", erwiderte ich. „Das stimmt natürlich, die Väter haben sich bewußt aus der Welt zurückgezogen. Aber die Bedürfnisse und Nöte dieser Zeiten sind grundlegend andere als die unserer Vorväter. Wir sehen unsere Aufgabe darin, die Erkenntnisse unserer Väter vielen Menschen zu vermitteln, besonders jungen Menschen, die aus ganz Ägypten und auch aus dem Ausland zu uns kommen. An einigen Tagen sind es Hunderte, die mit Bussen hier ankommen, um ihre persönlichen Probleme mit unseren Vätern zu besprechen. – Sie sind aber wahrscheinlich gekommen, um unsere Reliquien zu sehen. Abûnâ Yaqûb wird mit Ihnen in die Makarius-Kirche gehen, wir werden uns nachher noch einmal sehen."

Abûnâ Yaqûb hatte gerade mit einer Gruppe ägyptischer Schüler die Kirche verlassen, als er sich meiner annahm. „Hier im Chor, gegenüber der Johannes-Kapelle, entdeckten wir bei den Aufräumungsarbeiten einen Vorsprung in der nördlichen Mauer, der mit blauer Farbe gekennzeichnet war. Als wir die Verkleidung durchbrachen, stießen wir auf einen 2 m langen Sarg. Daneben und darunter lagen, eingebettet in feinem roten Holzstaub, viele Gebeine, unter ihnen vollständige Skelette, vielleicht von einigen unserer Päpste, die nach unseren Begräbnisriten beigesetzt waren, mit dem Kopf im Westen und die Füße nach Osten zeigend. Die Särge waren zerfallen, und nur die Knochen waren erhalten, die wir in eine neu angefertigte Truhe legten. Als unser Papst Schenute III. am Dienstag der Karwoche 1976 unser Kloster besuchte, berichtete Abûnâ Mattâ ihm über diese Entdeckung. Der Papst versprach uns, daß sowohl die Gebeine als auch die Überlieferungen von einem Ausschuß begutachtet und studiert werden sollten. Aber wir wissen mehr über die Überlieferungen als das päpstliche Komitee," erklärte der Mönch und wies auf eine Truhe, die mit einem roten Samttuch bedeckt war und auf einem Teppich vor dem Altar der Johannes-Kapelle aufgebaut war.

In der rechten Ecke des Altarraumes saß auf dem Boden ein junger Mönch, der eine Reihe von Büchern um sich herum aufgestapelt hatte und als Reliquienwächter seinen Dienst versah. Als er uns erblickte, erhob er sich, öffnete die Truhe, bekreuzigte sich und küßte den Samtbehang. In dem Halbdunkel des Altarraumes erkannte ich eine Vielzahl von Gebeinen. „Wir leben ja in einem Zeitalter, in dem den Gebeinen der Väter in vieler Hinsicht mehr Verehrung geschenkt wird als ihren Worten und Taten", sagte ich und fügte hinzu: „Im Juni 1968 erhielt Papst Kyril VI. von Papst Paul VI. die Reliquien des Evangelisten Markus zurück, die seitdem in der Krypta der Markus-Kathedrale ruhen. Fünf Jahre später schenkte Papst Paul VI. der koptischen Kirche die Gebeine des Kirchenvaters Athanasius von Alexandrien. Und jetzt entdecken Sie die Knochen eines alttestamentlichen Propheten und die des Vorläufers Christi. Damit wird doch hier in der Wüste eine neue und zusätzliche Kultstätte geschaffen."

„So sehen wir das nicht", erwiderte der Mönch, „im Gegenteil, diese biblischen Zeugen sind für uns und für alle, die hierher kommen, eine Ermahnung, unserem Glauben treu zu bleiben. Uns ist auch gleichgültig, was die anderen über die Echtheit dieser Reliquien behaupten. Nach unseren Überlieferungen wurden die beiden Propheten zur Zeit des Apostaten Julian von Palästina nach Alexandrien überführt, wo sie von unserem Papst Athanasius in Empfang genommen wurden. Zu Beginn des 5. Jahrhunderts errichtete Papst Theophilus für die beiden biblischen Heiligen eine Kirche in Alexandrien. Im 9. Jahrhundert wurden dann die Gebeine in unser Kloster gebracht", belehrte mich Abûnâ Yaqûb."

„Aber es ist doch eigenartig, daß weder die vielen Reisenden und Pilger noch die katholischen Missionare, die im 17. Jahrhundert in diesem Kloster die arabische Sprache erlernten, je ein Wort über die Reliquien oder über eine Verehrung dieser Heiligen in diesem Kloster gesagt haben. Oder war das Wissen um diesen Besitz ein solches

Geheimnis, von dem nur wenige eingeweihte Mönche Kenntnis hatten?" fragte ich. Als ich über die möglichen Gründe des jahrhundertelangen Schweigens nachdachte, fiel mir ein, daß ich bei meinen Besuchen in früheren Jahren beobachtet hatte, wie die Mönche – wahrscheinlich in völliger Unkenntnis der Gründe ihres Handelns – diesen Mauervorsprung im Chorraum beweihräucherten und damit doch bezeugten, daß dies ein „heiliger Ort" war.

„Es würde mich schon interessieren, wie Sie diese monumentalen Bauten und Umbauten finanzieren, doch wohl nicht so wie einige Väter es taten?" fragte ich. Der Mönch sah mich verwundert an. „Nun, ich dachte gerade an die Finanzierung des Baus der ehemaligen Markus-Kapelle im 11. Jahrhundert. Vor seinem Tod teilte der greise Bischof Menas von Tânah seine Einkünfte in vier Teile, die er an verschiedenen Orten vergraben ließ. Bevor er starb, wollte er seinen Bruder, den Bischof Makarius von Minûf, über den Verbleib des Geldes unterrichten. Aber die Ankunft des Bruders hatte sich verzögert, und so beschloß Bischof Menas, die Verstecke auf vier Zettel zu schreiben. Als er im Sterben lag, schluckte er einen Zettel nach dem anderen. Als er gerade den vierten Zettel hinunterschlucken wollte, erschien Bischof Makarius und zog ihn aus seinem Mund. Nach seinem Tod fand Bischof Makarius in dem Versteck 10 000 Dinare, mit denen er den Altarraum errichten ließ, in dem wir die Truhe mit den Reliquien sahen."

„Auch das war ein Gottesgeschenk", erwiderte Abûnâ Yaqûb. „Wir sind ausschließlich auf Spenden angewiesen. Wir betteln nicht um Gaben und organisieren auch keine Aufrufe durch die Bistümer oder die Gemeinden. Die Bauten und Umbauten der letzten Jahre haben über 2 Millionen ägyptische Pfund gekostet. Wir bringen unsere finanziellen Bedürfnisse in unseren Gebeten vor Gott, und bisher sind uns die notwendigen Summen auch immer auf wunderbare Weise zugeflossen. Für uns ist das eine wichtige Bestätigung, daß wir hier den Willen Gottes verwirklichen."

Die Leute des Fernseh-Teams mit ihren Scheinwerfern und Kabeln warteten ungeduldig, um ungestört in der Kirche arbeiten zu können. Ich bedankte mich bei Abûnâ Yaqûb und ging noch einmal durch das Kloster, das durch die Geräusche der vielen Bauarbeiter und Besucher eine weltliche Unruhe ausstrahlte.

Abûnâ Yûhânnâ wartete auf mich. „Es freut mich, Sie noch einmal sprechen zu können", sagte ich. „Ich kenne Abûnâ Mattâ seit vielen Jahren, ich traf ihn im Samuel-Kloster in der Wüste von Qalamûn, dann einige Jahre später in den Höhlen im Wâdî Rayân. Damals war er ein von der Welt völlig abgekehrter Mensch, der jeden Kontakt mit der Öffentlichkeit scheute. Dasselbe galt auch für seine Jünger. Seit einigen Jahren verspüre ich eine wesentliche Gesinnungsänderung. Innerhalb von wenigen Jahren berichtete das internationale Nachrichtenmagazin TIME zweimal über das Leben und Wirken von Abûnâ Mattâ. In englischen, französischen und deutschen Tageszeitungen erscheinen immer wieder Artikel über ihn und dieses Kloster. Für mich ist es schwer verständlich, wie ein Mensch seine Wertorientierung so grundlegend ändern kann", sagte ich zu Abûnâ Yûhânnâ. — „Wir sehen uns hier nicht nur als Mönche, die einem engen Kreis dienen. Ganz im Gegenteil, unsere Gebete und unsere Sorgen beziehen sich auf das politische und wirtschaftliche Leben unseres Landes. Abûnâ Mattâ hat mehrere Bücher veröffentlicht, in denen er sich als Christ mit politischen Fragen auseinandersetzt. Wir, die wir in einer islamischen Welt leben, erkennen sehr deutlich die Trennung von Staat und Kirche. Gleichzeitig sind wir aber der Meinung, daß das Evangelium dem politischen Leben nicht schweigend gegenüberstehen kann. Daraus ergibt sich eine Öffentlichkeitsarbeit, der wir uns bewußt sind und die wir auch nicht scheuen."

Als wir miteinander sprachen, erschienen zwei weitere Gruppen von Pilgern am Klostertor. Zum Abschied

überreichte mir Abûnâ Yûhânnâ ein aus dünnen Leder-
riemen geknüpftes Kreuz. „Das Knüpfen dieser Kreuze
ist eine alte koptische Tradition. Wenn Sie das Kreuz sehen, denken Sie an uns!"

Literaturverzeichnis

Mönchtum

Abbott, Nabia. *The Monasteries of the Fayyum.* Chicago: 1937.

Amélineau, Emile Clément. *Histoire des Monastères de la Basse-Egypte, vies des Saints Paul, Antoine, Macaire, Maxime et Domèce, Jean le Nain.* Paris: 1895.

Becquet, Th. „Les Monastères du Ouadi Natroun". *Irénikon,* XII, 351—371.

Bourguet, Pierre du. „Saint-Antoine et Saint-Paul du Désert". *Bulletin de la Société Française d'Egyptologie,* VII, 41, June 1951.

Boussett, Wilhelm. „Das Mönchtum der Sketischen Wüste". *Z. Kirchengeschichte,* V, 1923, 1—41.

Brugsch, Heinrich Karl. *Wanderung nach den Natronklöstern in Aegypten.* Berlin: 1855.

Burmester, O.H.E. KHS-. *A Guide to the Monasteries of the Wâdî 'n-Natrûn.* Cairo: Société d'Archéologie Copte, 1955.

Cauwenbergh, Paul V. *Etudes sur les moines d'Egypte depuis le concile de Chalcédoine.* Paris: 1914.

Chauleur, Sylvestre. „Le Culte de Saint Antoine". *Bulletin de l'Institut des Etudes Coptes,* 3—41, 1958.

Cheneau, R. P. Paul. *Les Saints de l'Eglise.* Jérusalem: Couvent des RR. PP. Franciscains, 1923.

Chester, Greville, J. „Notes on the Coptic Dayrs of the Wady Natroun and on the dayr Antonios in the Eastern Desert". *Archaeological Journal,* XXX, 105—116, 1873.

Curzon, Robert. *Visits to the Monasteries in the Levant.* London: 1847.

Evelyn-White, Hugh G. *The History of the Monasteries of Nitria and of Scetis.* New York: The Metropolitan Museum of Art, Egyptian Expedition, 1932.

—. *The Monasteries of the Wâdî'n-Natrûn.* New York: The Metropolitan Museum of Art, Egyptian Expedition, 1933.

Evetts, B. T. A. (ed and trans.). *The Churches and Monasteries of Egypt and some neighbouring countries, attributed to Abu Saleh, the Armenian.* Oxford: 1895.

Falls, J.C. Ewald. „Ein Besuch in den Natronklöstern der sketischen Wüste". *Frankfurter zeitgemäße Broschüren* XXV, 61—85, 1905.

Fedden, Henry Romilly. „A Study of the Monastery of St. Anthony in the Eastern Desert". *University of Egypt, Faculty of Arts Bull.,* V, 1—60, 1937.

Giamberardini, Gabriele. „Il Convento dell'Anbâ Samû'îl e i miracoli della Vergine". *La Voce del Nilo,* XVII, 5, 140—155.
—. *S. Antonio Abate, Astro del deserto.* Cairo: 1957.

Jullien, Michel. *Voyage aux déserts de Scète et de Nitrie.* Lyon: 1882.
—. *Voyage dans le désert de la Basse-Thébaïde aux couvents de St. Antoine et de St. Paul.* Lyon: 1884.

Kammerer, A. „Les Couvents Coptes du Wadi Natroun". *L'Illustration,* March 21, 264—267, 1925.
Keimer, Louis. „Les Prosternations pénitentiaires des Moines du Couvent de St. Paul dans le désert de l'Est". *Les Cahiers Coptes,* XI, 21, 1956.
Kersting, A. E. „The Coptic Monasteries of Wadi Natrun". *The Bulletin,* 9—15, July 1949.

Lefort, L. Th. Les premiers monastères Pachomiens. *Muséon,* LII, 9—15.
Leroy, Jules. *Moines et Monastères du Proche-Orient.* Paris: 1957.

Mackean, W. H. *Christian Monasticism in Egypt.* London: 1920.
Martin, Ch. „Les Monastères du Wadi Natroun". *Nouvelle revue théologique,* LXII, 113—143, 238—252, 1935.
Meinardus, Otto. *The Copts in Jerusalem.* Cairo: 1960.
—. *Monks and Monasteries of the Egyptian Deserts.* Cairo: 1961.
Morton, G. V. *Through Lands of the Bible.* London: 1938.
Munier, H. „Les Monuments Coptes d'après les Explorations du Père Michel Jullien". *Bulletin de la Société d'Archéologie Copte,* VI, 141f., 1940.

Piankoff, Alexander. „Two Descriptions by Russian Travellers of the Monasteries of St. Anthony and St. Paul". *Bull. de la Soc. Roy. de Géog. d'Egypte,* XXI, 61—66, 1943.
—. „Les Peintures de la Petite Chapelle au Monastère de Saint Antoine". *Les Cahiers Coptes,* XII, 7—16, 1956.
Preuschen, E. *Mönchtum und Serapisdienst. Giessen,* 1903.

Queffelec, Henri. *Saint Anthony of the Desert.* New York: 1954.

Rohlfs, Gerhard. *Drei Monate in der libyschen Wüste,* Cassel: 1875.

Schmitz, Alfred Ludwig. „Die Welt der ägyptischen Einsiedler und Mönche". *Römische Quartalschrift für christliche Altertumskunde,* XXXVII, 1929, 189—243.
Schweinfurth, Georg August. *Auf unbetretenen Wegen in Aegypten.* Hamburg: 1922.

205

Schiwietz, Stephan. „Geschichte und Organisation der pachomischen Klöster im 4. Jahrhundert". *Archiv für katholisches Kirchenrecht,* 81, 3,5, 461−490, 630−649, 1901.

Segny, Jean. *Le Monachisme Copte.* Le Caire: 1954.

Sicard, Claude. „Brief des Pater Sicard an den P. Fleurian über eine Reise in die Wüste von Thebais und die dortigen Klöster". Paulus, *Sammlung,* V, 126−157.

Smolenski, Thadee. „Le Couvent Copte de Saint Samuel à Galamoun". *Annales du Service des Antiquités,* IX, 204−207, 1908.

Steindorff, Georg. „Das Kloster des Heiligen Makarios". *Velhagen und Klasings Monatshefte,* 202, 1905−1906, 78−85.

Toussoun, Omar. *Etude sur le Wadi Natroun, ses moines et ses couvents.* Alexandrie: 1931.

−. *Cellia et ses Couvents.* Alexandrie: Egyptienne, 1935.

Volbach, Wolfgang Friedrich. „Die Koptischen Klöster in der nitrischen Wüste". *Atlantis,* I, 566−569, 1929.

Kirchen

Badawy, Alexandre. „Les premières églises d'Egypte jusqu'au siècle de St. Cyrille". *Kyrilliana.* Cairo, 1947.

Burmester, O. H. E. KHS-. *A Guide to the Ancient Coptic Churches of Cairo.* Cairo: Société d'Archéologie Copte, 1955.

Butler, Alfred J. *The Ancient Coptic Churches of Egypt.* 2 vols. Oxford: Clarendon Press, 1884.

Clarke, Somers. *Christian Antiquities in the Nile Valley, a contribution towards the study of the ancient churches.* Oxford: Clarendon Press, 1912.

Debanne, Nicolas J. „Le Mouled de Sitti Dimiana". *Bull. de la Soc. Roy. de Géog. d'Egypte,* VIII, 75−78, 1917.

Du Bourguet, P. *Die Kopten.* Baden-Baden: Holle Verlag, 1967.

Johann Georg, Herzog zu Sachsen. *Streifzüge durch die Kirchen und Klöster Aegyptens.* Berlin: B. G. Teubner, 1914.

−. *Koptische Klöster der Gegenwart.* Aachen: Xaverus Verlag, 1918.

−. *Neue Streifzüge durch die Kirchen und Klöster Aegyptens.* Berlin: B. G. Teubner, 1930.

−. *Neueste Streifzüge durch die Kirchen und Klöster Aegyptens.* Berlin: B. G. Teubner, 1931.

Register der Personennamen

Abrâm 81
Abû Sâlih 20, 33, 59, 77, 80, 82, 97
Abû Tarabû 74
Agathangelus 60
Amon 29, 130, 192
Antonius 17, 22, 24, 26, 27, 28, 29,
45, 53, 56, 58, 96, 130, 134
Arkadius 107
Arsenius 20, 171
Assemani, E. 156
Assemani, J. S. 64
Athanasius 53, 95, 200

Barsum d. Nackte 20
Benjamin I. 181
Benjamin II. 111
Benz, E. 119
Bernadus 28, 37
Bischoi 114, 121, 122, 123, 146,
156, 161

Cassien 37
Christodoulus 148
Christophorus II. 104
Coppin 60

Decius 56
Demetrius II. 190
Dimiana 49

Elija 162
Ephraem 122, 156
Evagrius 131, 171

Gabriel II. 59
Gabriel III. 34
Gabriel VII. 36, 59
Ghillebert de Lannoy 35, 59
Giamberardini, G. 98

Helena 76, 133
Hieronymus 53, 131, 146
Hilaria 116, 186
Hilarion 29

Ignatius Jakob III. 152, 154
Isaak v. Nineveh 168
Isidor 134
Iskhirûn 121

Johann Georg v. Sachsen 61, 98, 151
Johannes VII. 34
Johannes XVI. 60
Johannes XIX. 135, 191
Johannes d. Almosengeber 33

Johannes Kame 164
Johannes d. Kleine 33, 114, 121, 122,
146, 164, 192
Johannes Klimakus 174
Joseph II. 191
Julian 33, 200
Jullien, M. 142
Justinian 58
Justus 96

Kallinikos 46
Karl IV. 112
Kaufmann, C. 104, 108
Klemens XI. 156
Kyril II. 148
Kyril III. 191
Kyril IV. 46, 103, 190
Kyril V. 97, 142, 190
Kyril VI. 8, 103, 104, 106, 109, 113,
135, 148, 178, 191, 196, 200

Ludolph v. Suchem 35

Makarius 28, 114, 134, 139, 146, 170,
171, 173, 183, 184, 189
Makarius III. 129, 191
Malik al-Kâmil 37
Malik an-Nâsir Muhammed 111, 126
Malik az-Zâhir 45
Maqrizi 36, 59, 97
Marina 116
Markus 102, 181, 200
Massaia 41, 43
Mattâ al-Maskîn 92, 95, 97, 100,
134, 146, 153, 166, 167, 169,
170, 171, 173, 175, 176, 177,
194, 196, 198, 199, 202
Maximus & Domitius 20, 139, 171,
183
Menas 103ff
Michael V. 191
Michael von Damietta 35
Mikhâîl al-Buhairî 81
Minutoli, H. v. 142
Morton, H. V. 151
Mose d. Schwarze 139
Muhammed 'Ali 82

Niccolo v. Poggibonsi 35
Nicolaus de Peiresc 37

Ogier VIII. 35, 59
Omar Toussoun 151
Onuphrius 20, 188

207

Register der Ortsnamen